ABC DU BAC

Florent Gabaude
…Wenzel

Allemand

Compréhension
Savoir-faire
Grammaire

TERMINALE

NATHAN

ABC, MODE D'EMPLOI

Le but de cet ABC d'allemand pour la classe de **Terminale** est de vous préparer aux **nouvelles épreuves du Baccalauréat** et donc de :

• **vous entraîner à la compréhension littérale et profonde des textes allemands,** en vous apprenant à développer vos capacités d'analyse et de déduction ;

• **vous permettre d'acquérir un certain nombre de savoir-faire** en rapport avec les exigences de l'examen (savoir s'exprimer à l'écrit comme à l'oral, savoir traduire...) ;

• **vous aider à revoir les points essentiels de la grammaire allemande ;**

• **vous permettre d'enrichir votre connaissance** du lexique, de la grammaire et de la civilisation allemande.

Pour cela, vous trouverez dans cet ouvrage :

– une première et une deuxième parties **compréhension et savoir-faire** organisées de la même manière : méthode, application, exercices corrigés en fin de volume ;

– une troisième partie **grammaire** comportant des rappels des principaux points de grammaire suivis d'exercices d'assimilation également corrigés en fin de volume ;

– une quatrième partie **civilisation,** qui expose dans une langue simple les grandes étapes de l'histoire allemande.

L'ÉPREUVE ÉCRITE D'ALLEMAND AU BAC

Langue vivante I

- **Série L :** l'épreuve peut porter sur un seul texte ou sur deux, extrait(s) soit d'une œuvre littéraire, soit de la presse écrite. L'étude du ou des textes pourra prendre la forme d'un commentaire guidé par des questions ou d'une discussion portant sur tout ou partie des textes.
Un travail sur le fonctionnement du texte peut s'intégrer ou s'ajouter à cette étude : production du sens, organisation du discours, repérage des procédés rhétoriques, analyse grammaticale, etc.
La traduction : le passage retenu n'excédera pas dix lignes.

- **Séries ES et S :** l'épreuve ne porte que sur un seul texte qui forme un tout cohérent. Ce texte unique est, soit le même qu'en série **L,** soit un passage du texte proposé en série L, soit l'un des deux textes proposés en série **L.**
Les exercices destinés à évaluer la compréhension de la langue écrite portent aussi bien sur le sens littéral du texte que sur sa signification profonde ou implicite.
L'expression personnelle est liée ou non au texte de support de la compréhension de l'écrit.
Pour la compétence linguistique, on propose des exercices diversifiés pour éviter un bachotage stérile : exercices de reformulation, de transposition, de transformation, d'imitation, etc., liés ou non au texte.
La traduction : on peut donner à traduire un passage du texte (cinq lignes maximum).

- **Séries SMS, STL, STI, STT :** l'épreuve porte sur un texte de presse ou de roman d'environ trente lignes. La compréhension porte essentiellement sur le sens littéral du texte. Pour l'expression personnelle, on demande de répondre à une ou deux questions simples sur le texte.

Langue vivante II, série L

Le texte support de l'épreuve, littéraire ou journalistique, comporte de 30 à 50 lignes. Les exercices destinés à évaluer la compréhension, l'expression personnelle et la compétence linguistique sont de même nature que ceux proposés en langue vivante 1.

RÉPARTITION DES POINTS

<table>
<tr><th colspan="5">Langue vivante I</th><th>L V 2</th></tr>
<tr><td colspan="4">Voie générale</td><td>Voie technique</td><td rowspan="2">L</td></tr>
<tr><td colspan="2">Série L</td><td colspan="2">Séries ES et S</td><td>SMS, STT, STI, STL</td></tr>
<tr><td colspan="4">Support commun et tâches différentes
Durée : 3 heures</td><td>Durée :
2 heures</td><td>Durée :
3 heures</td></tr>
<tr><td>Étude de textes</td><td>14</td><td>Compréhension écrite</td><td>6</td><td>12</td><td>7</td></tr>
<tr><td>Traduction</td><td>6</td><td>Expression</td><td>8</td><td>8</td><td>7</td></tr>
<tr><td></td><td></td><td>Compétence linguistique</td><td>6</td><td></td><td>6</td></tr>
</table>

SOMMAIRE

Première partie

COMPRÉHENSION DES TEXTES

Deuxième partie

SAVOIR-FAIRE

Troisième partie

GRAMMAIRE

Quatrième partie

CIVILISATION

Première partie

Compréhension des textes

CHAPITRE 1

COMPRÉHENSION GÉNÉRALE

Remarques générales

Le jour de l'épreuve écrite d'allemand au baccalauréat, vous allez découvrir un ou deux textes inconnus qui vont servir de base à toute une série d'exercices de compréhension, d'expression et de compétence linguistique. Il importe donc dans un premier temps de tout mettre en œuvre pour en assurer la meilleure compréhension possible. Une bonne stratégie de lecture consiste à prendre en compte d'abord l'environnement textuel, titre, sous-titre, références, date – ce que l'on appelle le « paratexte » – et la structure d'ensemble. Ces indices vous permettront d'imaginer le contexte et de faire des hypothèses rapides sur le contenu du texte.
Puis vous essaierez de comprendre globalement en vous concentrant sur les informations clés.

MÉTHODE

L'APPROCHE GLOBALE DU TEXTE

1 Le paratexte

▶ 1. Le titre et l'introduction

Ne négligez pas le titre éventuel ou l'introduction avant d'entamer la lecture, car ils contiennent le plus souvent une ou plusieurs informations de premier ordre : le titre livre des indications sur le thème, la localisation spatiale et temporelle du texte, parfois même il révèle un secret du texte.

Ex. : Titre : *Hautfarbe Nebensache.*

Introduction : *Ein Lehrling fährt ins Lehrlingsheim* (foyer d'apprentis – la traduction est donnée), *wo er erwartet wird.* On peut supposer que le texte a trait au racisme, ou du moins à l'acceptation des gens de couleur (*Hautfarbe* : couleur de la peau), et très probablement à l'accueil d'un nouvel apprenti noir dans un foyer.

▶ 2. Les sources

De la même manière, il pourra être utile, avant d'aborder la lecture, de se reporter à la fin de l'extrait pour prendre connaissance du titre de l'œuvre d'où il est tiré et de son auteur. Les références contiennent souvent des informations qui permettent d'anticiper sur le contenu du texte. S'agit-il d'un auteur connu, classique ou contemporain, quelle est son origine (Allemagne du Nord, du Sud, ex-RDA, Suisse, Autriche ?). Le texte est-il daté ? Si oui, il ne faudra pas négliger de le replacer dans le contexte de sa production.

Ex. : Hans Georg Noack, *Suche Lehrstelle, biete...*

Ce sont les premiers mots d'une petite annonce pour la recherche d'une place d'apprenti ; dans le texte, il sera question d'un père préoccupé par l'avenir professionnel de son fils.

▶ 3. La structure d'ensemble

Un rapide coup d'œil sur le texte vous permet de savoir s'il s'agit d'un extrait de roman à dominante narrative ou dialoguée, d'un extrait de pièce de théâtre, d'une lettre ou encore d'un poème. L'identification préalable du genre auquel le passage à lire appartient vous facilite la compréhension ultérieure, car vous en connaissez déjà les règles d'écriture dans votre langue maternelle.

Une fois prélevés quelques indices paratextuels qui créent un « horizon d'attente », vous êtes mieux à même de vous attaquer à la lecture du texte. Lisez-le dans sa globalité au moins deux fois de suite et surtout sans vous arrêter au premier obstacle. Ce faisant, votre attention va naturellement se fixer sur les mots transparents, les mots connus et les mots récurrents qui tissent d'emblée un réseau de signification. Ces références lexicales à l'intérieur du texte vous aideront à en déceler la trame.

② Les mots transparents

En présence d'un texte inconnu, il faut surtout éviter de focaliser sur les difficultés qu'il ne manquera pas de présenter en soulignant par exemple tous les mots que vous ne comprenez pas. Il faudra vous efforcer au contraire de partir des mots connus et transparents. Il y a dans tous les textes des termes plus ou moins transparents : nombres, dates, noms propres (géographiques ou de personnes), emprunts au français ou à l'anglais. Quel que soit votre niveau, vous savez que vous pourrez vous appuyer notamment sur ces internationalismes.

Ex. : » *Sie sind schon nicht mehr ganz da. Ihr letzter Tag mit* ***Halbpension.*** *Am Abend soll sie der Flieger von* ***Bali*** *(mit Zwischenlandung) nach Hause bringen. Gepackt stehen die Koffer in der* ***Hotelhalle*** *bereit. Dörte sitzt unter* ***Palmen*** *im Halbschatten und liest. Harm hockt in der* ***Gartenbar*** *des* ***Kura-Beach-Hotels*** *neben der mickrigen Tochter der stattlichen Mutter* «.

(Günter Grass, *Kopfgeburten oder Die Deutschen sterben aus*, Darmstadt : Sammlung Luchterhand.) Point n'est besoin de beaucoup de connaissances en allemand pour comprendre que ce passage décrit la vie oisive des clients d'un hôtel sur une côte indonésienne.

3 Les mots récurrents

Vous devez prêter la plus grande attention aux répétitions qui sont souvent des points d'appui pour la compréhension du texte. Surlignez les mots récurrents : vous vous apercevrez que le thème central est souvent lié à la répétition de certains mots clés.

Ex. : *Vor fünfzig Jahren, am 20. Januar 1942, rief der Chef der Sicherheitspolizei und des SD, Obergruppenführer Reinhard Heydrich, vierzehn höchste Ministerialbeamte aus Reichsministerien und hohe SS-Führer in der Villa am Großen* ***Wannsee*** *56/58 zusammen, um sie über die bereits beschlossene 'Endlösung der* ***Juden****frage', den Völker****mord*** *an den europäischen* ***Juden****, zu unterrichten. (...) Mit der* ***Wannsee****–Konferenz wurde der* ***Judenmord*** *der SS zur 'Reichssache' – wenn auch zur 'Geheimen' – und damit zu einer offiziellen Angelegenheit des deutschen STAATES, der sich doch für so zivilisiert hielt. Der* ***Staat*** *wurde zum Mittäter, der gesamte* ***Staats****apparat zum* ***Mord****komplizen.*

(*Frankfurter Allgemeine Zeitung* am Januar 1992.)

Dans ce texte, **trois mots** apparaissent **trois fois, *Juden, Mord*** et ***Staat.*** Le nom propre ***Wannsee*** apparaît quant à lui deux fois : il désigne le lieu où s'est déroulée la conférence du même nom qui a décidé de l'extermination massive des Juifs à la fin de la Seconde Guerre mondiale que les nazis désignèrent sous le vocable de « solution finale » *(Endlösung)*. Les trois principaux mots récurrents, mis ici en gras, donnent la quintessence de ce passage : » *Der deutsche*

Staat *hat einen Massen**mord**/Völker**mord** an den europäischen* ***Juden*** *verübt.* « C'est l'État allemand en tant que tel qui est directement responsable du génocide. Ces mots clés sont accompagnés de synonymes (soulignés dans le texte) qui renforcent et développent l'idée principale : la bureaucratie gouvernementale, l'appareil d'État technique et administratif du Reich dans son ensemble, est complice *(Mittäter : Komplize, Täter : Mörder)* du crime.

4 L'inventaire des mots connus

Soulignez dans le texte les mots et tournures que vous pensez avoir compris. En mettant bout à bout les éléments que vous avez repérés et en essayant d'établir des liens logiques entre ces « îlots de compréhension », vous pourrez reconstruire le sens général du texte.

Ex. : *Der Liftboy machte verzweifelte Augen, aber der Fahrstuhl war komplett. Viel lieber hätte er die junge Dame befördert als eine trockene Last von vier Engländern, die ernst des Emporschwebens harrten.*

Francine hielt den wichtigen Brief in der Hand, den sie, vom Speisesaal rückkehrend, empfangen und kaum noch durchflogen hatte. Sie wußte nicht, was in dem Briefe stand, keine Worte, keine Einzelheiten, aber sie wußte, daß er ihr Philipps Herz ungetrübt entgegenbrachte, und dies gerade in dem Augenblick, da sie die Sicherheit hatte, von Guido frei zu sein.

(Franz Werfel, Die Hoteltreppe mit Genehmigung der S. Fischer Verlag GmbH, Frankfjurt am Main.)

On peut dans un premier temps rechercher le lien entre les îlots repérés et le titre du récit. Les mots *Hotel* et *Treppe* réapparaissent dans le récit. D'autre part, il existe un rapport analogique direct entre *Hoteltreppe, Liftboy* (mot d'emprunt), *Fahrstuhl* et plus distant avec *Speisesaal.* Le cadre de l'action est ainsi dessiné : la scène se déroule dans un hôtel de luxe, entre la salle de restaurant, l'ascenseur et la cage d'escalier.
L'héroïne du récit est désignée une fois nommément *Francine* et une fois par une reprise anaphorique : *die junge Dame.* La jeune femme, au sortir de la salle de restaurant, a voulu prendre l'ascenseur, qui est complet ; alors, sans attendre le retour de celui-ci, elle se dirige vers l'escalier.
Il est aussi question de deux personnages masculins, *Philipp* et *Guido,* avec lesquels elle entretient manifestement une relation amoureuse. La jeune femme est très préoccupée par la lettre (d'amour)

– le mot Brief apparaît deux fois – qu'elle vient de recevoir de Philipp *» hielt den wichtigen Brief in der Hand, den sie... empfangen hatte « ;* elle vit un instant crucial *in dem Augenblick,* elle est même semble-t-il à un tournant de sa vie, entre son nouvel amant et l'homme qu'elle quitte, *da sie die Sicherheit hatte, von Guido frei zu sein.*

5 Les réseaux lexicaux

Soyez attentif à la reprise au fil du texte de termes proches les uns des autres sur le plan du sens ou de la forme. Ceux-ci peuvent être des synonymes, des antonymes, ou des anaphores lexicales, c'est-à-dire des termes repris dans la suite du récit par d'autres termes voisins qui ont une relation analogique avec les premiers. Il peut s'agir aussi de mots appartenant à une même famille, c'est-à-dire qui ont une racine commune. Ainsi verrez-vous apparaître un ou plusieurs réseaux lexicaux qui dessinent l'arrière-plan thématique du texte.

Ex. : Le passage suivant présente beaucoup de difficultés lexicales. Néanmoins l'abondance du vocabulaire qui concerne l'habitat permet de comprendre qu'il s'agit de la description d'une cité et de ses habitants où règne le béton.

Einen Nachmittag lang lief ich suchend durch das ***Neubauviertel.*** *Ich wollte einen* ***Nachbarn*** *besuchen und fand die* ***Hausnummer*** *nicht. Es war heiß.* ***Neubauviertel*** *haben keine schattigen* ***Alleen,*** *nur dicht an den* ***Häuserwänden,*** *wo es aus den* ***Eisentüren*** *nach* ***Müllschlucker*** *riecht, ist man vor der Sonne geschützt. (...) Ich stutzte beim Anblick eines außergewöhnlichen Gegenstandes, holzgefertigt, grasgrün lackiert, immerhin : eine* ***Parkbank.*** *Inmitten der* ***Stein****wüste. Darauf sitzend, ebenso außergewöhnlich für ein* ***Viertel*** *der jungen Leute, ein alter Mann.*

(Richard Christ, *Das Schweigen* in : R. Christ, *Nichts als Ärger,* Berlin, Verlag der Nation, 1979.)

6 Les questions-balises

Vous allez ensuite reformuler les idées-force du texte en vous posant la série des questions journalistiques, les **W-Fragen :** ***Wer/Was ? Wo ? Wann ? Wie/Warum ?*** Il s'agit d'identifier sommairement les personnages et les groupes de personnes, de définir le cadre espace-temps de l'action, d'appréhender sommairement les moyens et les buts de l'action.

Après vous être livré à ce travail de balayage du sens général du texte, vous essaierez d'en dégager sommairement l'idée maîtresse.

Ex. : *Der Student Hans P. lernte in Berlin an einem Sommerabend in der überfüllten Stadtbahn ein Mädchen kennen. Er ging, die Mappe unterm Arm, auf dem Bahnsteig hin und her (...). Das Mädchen stand neben dem Zeitungskiosk und blickte in die Richtung, aus der der Zug kommen mußte. Sie hat schöne Beine, dachte er, ging an ihr vorbei und sah ihr von der Seite her ins Gesicht.*
(Heiner Müller, *Liebesgeschichte* in : H. Müller, Geschichten aus der Produktion 2, Hamburg, Rotbuch Verlag, 1974.)

***Wer** sind die Personen ? Der Student Hans P. und ein Mädchen.*
***Wo** spielt die Szene ? Auf einem Bahnsteig der Berliner S-Bahn.*
***Wann ?** An einem Sommerabend, vor der Ankunft des Zuges.*
***Was** will der Student ? Er versucht die, Aufmerksamkeit des Mädchens auf sich zu lenken.*
***Warum ?** Er möchte sie gerne ansprechen, weil sie ihm gefällt.*

◆◆◆ APPLICATION ◆◆◆

Franz Eder grinst immer. Hat gegrinst, wird grinsen. (...) Sein Gesicht ist graugelb. Er blickt irgendwohin, sehr abwesend, sehr gegenwärtig. Was er denkt, weiß man nicht. Sein Atem ist unhörbar. Er hat an einem 7. April zu atmen angefangen. An einem 13. November mag ihm der Atem schwer geworden sein. Das geht vorüber. Das Denken hat er sich abgewöhnt. Grinst nur noch.

Aus seinem Namen macht er kein Geheimnis. Er steht in schwarzen Buchstaben auf seiner Stirn geschrieben. (...) Die Augen – aber man darf nicht so anspruchsvoll sein. Auch bei Nase und Mund nicht. Die Stirn ist schön : geräumig, breit, hoch. Sie ladet dazu ein, daß einer seinen Namen auf der Stirn trägt. In schwarzen Buchstaben, rund zwei Zentimeter hoch, gut leserlich. (...)

Franz Eder grinst. Er hat nichts zu verbergen. Er geht nie aus. Manchmal beneide ich ihn um sein Haus. Es ist dämmerig und kühl. Aber trocken, nicht ungesund, solide gebaut. Für die Ewigkeit, wie man früher sagte. Die Fenster bei Franz Eder sind winzig. (...)

Franz Eder ist zurückgezogen. Ich besuche ihn manchmal. Er besucht mich nicht. Er grinst willkommen. Das ist seine Art. Unsere Unterhaltung ist still und gespannt. Er hört sehr aufmerksam zu. (...) Er fordert mich auf : Sieh mich an. Dann weiβt du genug. Wozu die Worte ? (...)

Ich habe schon oft beschlossen, ihn nicht mehr zu besuchen. Nicht, daβ er mich erwartet. Ihm kann es egal sein. Er weiβ Bescheid. Er erscheint mir diskret, auf Distanz bedacht, Eigenschaften, die ich schätze.

Auf meiner Stirn ist nichts geschrieben. Mein Name schon gar nicht. Ich würde mir das verbieten.

Er trägt seinen Namen auf der Stirn.
Wo ich ihn treffe ?
In einem Gebirgstal. In einem Dorf. In einer Kapelle.
Im Beinhaus.

Catarina Carsten, *Namen auf der Stirn*
(édité en France in : *Deutsche Kurzgeschichten,* Paris :
Éd. Le livre de poche, coll. « Lire en allemand », 1989).

1 Le paratexte

Examinez le titre. Que dit-il ? Permet-il d'anticiper sur le contenu du texte ? Attention, ne confondez pas *die Stirn* = le front et *der Stern* = l'étoile.

2 Relevez les mots transparents (internationalismes)

3 Quels sont les termes récurrents dans ce texte ?

4 L'inventaire des mots connus

Soulignez dans le texte les séquences qui ne vous posent pas de problème particulier de compréhension.

5 Les réseaux lexicaux

Vous venez de repérer dans le texte les mots transparents, les mots récurrents et les mots connus. Quels liens sémantiques peut-on établir entre ces différents termes ? Essayez de reconstituer un ou plusieurs réseaux lexicaux. Que peut-on en déduire quant au sens général du texte ?

6 Les questions-balises

Répondez à présent aux questions clés de compréhension globale :
Où ? Qui ? Quand ? Pourquoi ?

Corrigé

1 Le paratexte

« Un nom sur le front » : ce titre évoque une réalité surprenante, déconcertante. Il pourra s'agir d'un texte à caractère irréel, fantastique ou bien d'une énigme.

2 Les mots transparents

Zentimeter, solide, egal, diskret, Distanz, Kapelle.

3 Les termes récurrents

Le terme *grinsen* est présent dans tous les paragraphes, soit six fois. Les termes *Namen* et *Stirn* trois fois. Le terme *grinsen* peut faire obstacle. Il faut en inférer le sens d'après le contexte. Le texte étant manifestement un portrait, ce terme désignera tout naturellement une attitude, un comportement. Les mots *in schwarzen Buchstaben* apparaissent deux fois dans le même paragraphe : on peut en inférer que cette inscription « en lettres noires » n'est pas un détail anodin du texte.

4 L'inventaire des mots connus

En mettant bout à bout les îlots de compréhension que vous avez soulignés, vous verrez se dessiner les idées clés du texte :

Franz Eder : sein Gesicht ist graugelb. Er blickt irgendwohin. Was er denkt, weiß man nicht. Sein Namen... steht in schwarzen Buchstaben auf seiner Stirn geschrieben. Die Stirn ist schön : ... breit, hoch. Seinen Namen [trägt er] auf der Stirn, in schwarzen Buchstaben, rund zwei Zentimeter hoch, gut leserlich.

Franz Eder ... geht nie aus. Sein Haus ... ist ... nicht ungesund, solide gebaut.

Ich besuche ihn [Franz Eder] manchmal. Er besucht mich nicht. Unsere Unterhaltung ist still und gespannt. Er hört sehr aufmerksam zu.

Ich habe schon oft beschlossen, ihn nicht mehr zu besuchen. Nicht, daß er mich erwartet. Ihm kann es egal sein. Er erscheint mir diskret.

Auf meiner Stirn ist nichts geschrieben. Mein Name schon gar nicht.

Er trägt seinen Namen auf der Stirn.

Wo ich ihn treffe ?

In einem Gebirgstal. In einem Dorf. In einer Kapelle.

5 Réseaux sémantiques

– *Gesicht, blicken, atmen, denken ; Stirn, Mund, Auge, Nase :* tous ces mots se rapportent à la description du visage.
Haus, Fenster, Dorf : relatifs à l'habitat, au mode de vie du personnage.
– Relations avec le narrateur : *besuchen (Unterhaltung), zuhören, ansehen, Worte.*
– Traits de caractères : mots transparents *diskret* et *Distanz.*
Au terme de ce premier repérage sémantique, nous pouvons dire que le narrateur dresse le portrait physique et moral d'un personnage à qui il rend visite à son domicile. Il insiste également sur le fait que son héros affiche son nom en lettres noires et distinctes. L'idée générale du texte est ainsi tracée.

6 Questions-balises

Où ? Dans un village, une chapelle, un ossuaire *Beinhaus.*
Qui ? Le narrateur rend visite à Franz Eder.
Quand ? de temps à autre *manchmal.*
Pourquoi ? pour le voir, pour s'entretenir avec lui, en qui il trouve un partenaire particulièrement attentif *aufmerksam.*

MÉTHODE

LES TEXTES LITTÉRAIRES

Votre stratégie de lecture devra aussi tenir compte de la nature du texte que vous aurez la plupart du temps pu appréhender d'emblée au vu de la structure d'ensemble du texte (sa présentation typographique) : dialogue de roman ou de théâtre, récit, description ou portrait, article de presse, texte à caractère poétique.
Pour bien comprendre un texte littéraire comme non littéraire, il importe de connaître certaines règles de composition textuelles, car il existe un ordre du texte comme il y a un ordre des mots. Ces règles sont propres à chaque genre. Dans les paragraphes qui suivent, vous allez vous familiariser avec quelques-unes d'entre elles.

1 L'extrait de roman

Identifiez d'abord **le narrateur** : est-il présent *(ich/wir)* ou effacé

(er/sie) ? Qui parle ? Est-ce l'auteur ou un personnage ?
Identifiez les **reprises anaphoriques** *(das Mädchen... Es).*
Sachez repérer enfin les éléments importants pour l'interprétation du contenu implicite comme les **interventions du narrateur** dans le récit (commentaires, distance ironique), les **changements de temps** (présent/passé) qui peuvent signifier le passage du temps du récit (temps du narrateur) au temps de l'histoire racontée.

Ex. : *Mit der 41 in die Stadt. Franz Biberkopf ist gerade aus dem Gefängnis entlassen worden und wartet auf die Straßenbahn (die Elektrische).*

Er stand vor dem Tor des Tegeler Gefängnisses und war frei. Gestern hatte er noch hinten auf den Äckern Kartoffeln geharkt mit den andern, in Sträflingskleidung, jetzt ging er im gelben Sommermantel, sie harkten hinten, er war frei. Er ließ Elektrische auf Elektrische vorbeifahren, drückte den Rücken an die rote Mauer und ging nicht. Der Aufseher am Tor spazierte einige Male an ihm vorbei, zeigte ihm seine Bahn, er ging nicht. Der schreckliche Augenblick war gekommen [schrecklich, Franze, warum schrecklich ?], die vier Jahre waren um. Die schwarzen eisernen Torflügel, die er seit einem Jahre mit wachsendem Widerwillen betrachtet hatte [Widerwillen, warum Widerwillen], waren hinter ihm geschlossen. (...) Drin saßen die andern, tischlerten, lackierten, sortierten, klebten, hatten noch zwei Jahre. Er stand an der Haltestelle. Die Strafe beginnt.
(Alfred Döblin, *Berlin Alexanderplatz,* © Welter-Verlag, Solothurn.)

Du début à la fin du passage, Franz est resté immobile, *Er stand vor dem Tor... Er stand an der Haltestelle,* comme rivé au mur de la prison, libre, mais encore prisonnier de son passé, *die vier Jahre,* et absorbé dans des pensées circulaires, *hinten ... mit den andern, Drin saßen die andern.* Les commentaires en écho entre crochets (intervention de l'auteur ou monologue intérieur du héros ?) soulignent à quel point Franz a pu redouter l'instant de sa libération.
Deux réseaux structurent ce texte, le premier annoncé par le titre et lié au présent *jetzt,* le second, plus riche, lié au passé *gestern :*
<u>Die Straßenbahn</u> : die Linie 41 ; die Elektrische ; die Bahn ; die Haltestelle.

Das Gefängnis : das Tor, Kartoffeln harken, die Sträflingskleidung, die rote Mauer, der Aufseher, die schwarzen Torflügel, sitzen, usw.

2 Le texte narratif

Le texte narratif a une cohérence chronologique et spatiale. Il est structuré par des adverbes et autres indications temporelles ainsi que par des indications de lieux. Relevez les subordonnées, compléments circonstanciels et adverbes de temps qui constituent le maillage chronologique du texte. Vous pourrez vous demander ensuite si le récit est linéaire ou non, s'il comporte par exemple des anticipations ou des rétrospections, ou encore des ellipses temporelles. Dans la citation suivante, les compléments temporels sont soulignés d'un trait noir, les compléments de lieu soulignés d'un trait de couleur et les rétrospections en gras.

Ex. : *Im Januar 1990 stand ein Soldat in Horst auf der Bundesstraße 5 und winkte.* ***Früher starrten sie durchs Fernglas und entsicherten die Maschinenpistole,*** *heute winkten sie.* ***Vor drei Monaten ist er noch bereit gewesen, diese Grenze mit allen Mitteln friedensmäßig zu sichern, notfalls zu schießen,*** *jetzt winkt er.* ***Als sein Bruder Gerhard im September 1967 in Horst die Grenze überquerte,*** *um* ***auf der Interzonenstraße nach Berlin zu fahren, gab es kein Lächeln, kein freundliches Wort, nur die üblichen Fragen nach Waffen, Büchern und Zeitschriften.*** *Jetzt, am Sonntagmorgen zur Kirchzeit, stand er auf der Straße und grüßte freundlich herüber.*

(Arno Surminski, *Kein schöner Land,* Frankfurt : Ullstein.)

3 Le texte descriptif

Il convient de rechercher dans un texte descriptif (paysage ou portrait) une cohérence spatiale : on ira par exemple du plus loin au plus près, de la physionomie générale aux parties du visage.

On est frappé en outre dans les textes à caractère descriptif par l'abondance des adjectifs et participes épithètes ou attributs (soulignés dans les deux exemples ci-dessous) et la présence de groupes participiaux en fonction d'épithète (en gras).

▶ 1. Le paysage

Ex. : *Im* ***Nordwesten des Landes*** *liegt zwischen* ***waldigen Hügeln*** *und* ***kleinen stillen Seen*** *das große Zisterzienserkloster Maulbronn. Weitläufig, fest und wohl erhalten stehen die schönen alten Bauten*

und wären ein verlockender Wohnsitz, denn sie sind prächtig, von innen und außen, und sie sind in den Jahrhunderten mit ihrer ***ruhig schönen, grünen Umgebung*** *edel und innig zusammengewachsen. Wer das Kloster besuchen will, tritt durch ein* ***malerisches, die hohe Mauer öffnendes Tor auf einen weiten und sehr stillen Platz.*** *Ein* ***Brunnen*** *läuft dort, und es stehen* ***alte ernste Bäume*** *da und zu beiden* ***Seiten alte steinerne und feste Häuser*** *und im Hintergrunde* ***die Stirnseite der Hauptkirche*** *mit einer* ***spätromanischen Vorhalle.*** *(...) Auf dem* ***mächtigen Dach der Kirche*** *reitet* ***ein (...) humoristisches Türmchen.***
(Hermann Hesse, *Unterm Rad*, Frankfurt : Suhrkamp Taschenbuch, 1972.)

La description de l'abbaye de Maulbronn en Souabe commence par un vaste panorama des environs, avec d'abord une localisation géographique très générale, *Im Nordwesten des Landes*, puis de plus en plus précise, *zwischen waldigen Hügeln und kleinen stillen Seen ; ruhig schönen, grünen Umgebung*. Le point d'observation se déplace ensuite du ciel vers l'entrée de l'abbaye et le sens de la description s'inverse alors, pour aller du plus proche *Brunnen, Bäume, Häuser*, au plus lointain *Kirche* et *Türmchen*. La chaîne lexicale des composantes de ce paysage (en gras dans le texte) se déroule sur ce double axe descendant et ascendant.

▶ 2. Le portrait

Denke Dir einen großen breitschultrigen Mann mit einem unförmlich dicken Kopf, erdgelbem Gesicht, buschigen grauen Augenbrauen, unter denen ein paar grünliche Katzenaugen stechend hervorfunkeln, großer, starker ***über die Oberlippe*** *gezogener Nase. Das schiefe Maul verzieht sich oft zum hämischen Lachen ; dann werden auf den Backen ein paar dunkelrote Flecke sichtbar und ein* ***seltsam zischender Ton*** *fährt durch die zusammengekniffenen Zähne. Coppelius erschien immer in einem* ***altmodisch zugeschnittenen*** *aschgrauen Rocke, eben solcher Weste und gleichen Beinkleidern, aber dazu schwarze Strümpfe und Schuhe mit kleinen Steinschnallen.*
(E.T.A. Hoffmann, *Der Sandmann*, in *Nachtstücke*, Stuttgart : UB Reclam, 1990.)

Le portrait débute par une remarque générale sur la stature du personnage *einen großen breitschultrigen Mann*, puis évoque la tête et le visage *mit einem unförmlich dicken Kopf, erdgelbem Gesicht* avant de détailler l'une après l'autre les différentes parties qui le composent. Ensuite l'auteur procède à la description de l'accoutrement de cette personne. Dans ce portrait, retrouvez la chaîne lexicale des parties du visage, puis celle des habits du personnage :

– *die Augenbrauen, die Augen, die (Ober)lippe, die Nase, das Maul (= der Mund), die Backen, die Zähne*

– *der Rock, die Weste, die Beinkleider (= die Hose), die Strümpfe, die Schuhe, die Schnallen* (boucles)

Pour la description du visage comme pour celle des vêtements, le regard se dirige de haut en bas.

APPLICATION

Annette von Droste-Hülshoff (1797-1848), gemalt von ihrer Schwester Jenny, um 1820, und von Johannes Sprick, um 1829.

Le texte suivant est un extrait de roman. Lisez-le attentivement.

Der Tag, an dem Lewin mich verließ, April 1842 (...) –, welches Kleid habe ich beim Abschied getragen ? War es das graugrünkarierte aus englischem Musselin ? Oder das taubenblaue (...) ? In dem blauen bin ich Lewin entgegengegangen, als er den Weg zur Meersburg heraufkam. Es war Oktober, ein warmer Herbst, die Sonne schien, und ich dachte, nun beginnt der Sommer. Das blaue Kleid für Lewin, und Jennys Zofe muβte mir Korkenzieherlocken brennen, bis zur Schulter fallend wie auf dem Porträt, das Sprick gemalt hatte, vor meiner Reise an den Bodensee. Graues Haar und Korkenzieherlocken. (...) Beim Blick in den Spiegel fand ich mich schön, ich, das Fräulein von Droste, fünfundvierzig, krank und welk, welche Verblendung. (...)

Die alte Frau und der Jüngling, kein Thema für dich, Nachfahrin Amelie, die du wenig Skrupel kanntest in der Liebe, und auch bei den Abschieden warst du stets die Schnellere. Fast hundertfünfzig Jahre zwischen uns, warum überhaupt fange ich an, dir meine Geschichte zu erzählen. Weil du Worte aufs Papier bringst, unbeirrbar wie ich zu meiner Zeit ? Ach Gott, Worte. Deine Berichte vom Tag und meine in Verse gegossenen Gefühligkeiten, sie bauen keine Brücke für uns. Aber du bist auf die Meersburg gekommen zu meinem Sterbebett oben im Turm unter den beiden Bildern : das vom Anfang, das vom Ende. Dreiβig Jahre Frist nur dazwischen. (...) Die Stimme der Toten, erreicht sie dich ?

Irina Korschunow, *Das Spiegelbild,*
Hoffmann und Campe Verlag, Hamburg 1992.

1 L'extrait de roman

Définissez le genre de ce texte et l'instance narrative : qui parle ? À qui ? Qu'est-ce qui différencie les deux paragraphes du texte du point de vue de l'attitude du narrateur ?

2 Le texte narratif

Relevez et interprétez les indications temporelles que comporte ce texte.

3 Le texte descriptif

1. Rédigez en français le portrait physique du personnage représenté ci-dessus à droite.
2. Welchen Eindruck haben Sie beim Anblick dieses Porträts ? Was kann man daraus schlieβen über den Charakter dieser Frau ? Was für ein Leben hat sie wahrscheinlich geführt ?
3. Relisez attentivement le texte et relevez les éléments :
a) qui caractérisent le physique d'Annette et éventuellement sa tenue vestimentaire ;
b) qui évoquent sa vie sentimentale ;

c) qui situent le lieu de l'action ;
d) qui décrivent les personnages principaux de ce passage, en montrant leur points communs et leurs divergences ;
e) qui mettent en évidence la conception de la vie d'Annette.

Corrigé

1 L'extrait de roman

Le récit est écrit à la première personne. Il s'agit d'un monologue intérieur. La narratrice n'est autre que l'ombre de la poétesse du XIXe siècle Annette von Droste-Hülshoff qui évoque les souvenirs intimes marquants de sa vie. Dans le second paragraphe, elle entre en conversation, par-delà les lieux et les temps, avec une femme d'aujourd'hui.

2 Le texte narratif

Der Tag, an dem Lewin mich verließ, April 1842 : la narratrice se rappelle le jour du départ de son amant.
Es war Oktober : c'est à l'automne précédent qu'il est venu habiter auprès d'elle.
Fast hundertfünfzig Jahre zwischen uns : un siècle et demi sépare les deux héroïnes du roman.
Dreißig Jahre Frist nur dazwischen : c'est le temps qui sépare la jeunesse insouciante et heureuse d'Annette (cf. le portrait de gauche ci-dessus) de sa vieillesse mélancolique (le portrait de droite).

3 Le texte descriptif

1. Cette femme d'une quarantaine d'années a un visage menu, un nez long et mince et une petite bouche. On est frappé par son front large et haut. Le visage est encadré de longs cheveux qui tombent gracieusement en anglaises.
2. Dieses Porträt erweckt den Eindruck der Traurigkeit, des Verlassenseins, der Resignation. Der Kopf ist etwas vorgebeugt, als trüge sie die Last der Welt auf ihren Schultern. Ihr Blick ist ausdruckslos, sie starrt ins Leere. Ihr Gesicht sieht ernst, düster und träumerisch aus. Es scheint, daß sie einsam unter dem Druck der anderen gelebt hat.
3. a) *» Korkenzieherlocken «, » bis zur Schulter fallend «, » graues Haar «, Alter : » fünfundvierzig «, » krank und welk « ;* Kleidung : wahrscheinlich das erste Kleid, *» das graugrünkarierte «.*
b) eine traurige Liebesgeschichte, Trennung und Schmerz : *Der Tag, an*

dem Lewin mich verließ, Abschied, die alte Frau und der Jüngling.
c) Meersburg am Bodensee. Dort hat sich Annette in ein Schloß zurückgezogen. *Zu meinem Sterbebett, oben im Turm* (cf. das berühmte Gedicht *Am Turme*).
d) Zwei Frauen : Annette die Dichterin *meine in Verse gegossenen Gefühligkeiten* und die Journalistin Amelie *Deine Berichte vom Tag.* Gemeinsame Interessen : die schriftstellerische Tätigkeit. Unterschiede : *sie bauen keine Brücke für uns.* Zwang für die eine : nur der Tod hat sie von dem Druck ihrer Familie befreit, Freiheit für die andere *kein Thema für dich, Nachfahrin Amelie, die du wenig Skrupel kanntest in der Liebe.*
e) Resignation und Pessimismus : *krank und welk, die alte Frau und der Jüngling.*

MÉTHODE

LES ARTICLES DE PRESSE

❶ L'accroche journalistique

Dans les articles de presse plus étendus qui s'apparentent au reportage, il est fréquent que l'article débute par une « accroche » personnalisée *(Aufhänger)* à caractère anecdotique pour capter l'attention du lecteur. On va ainsi du cas particulier, de l'exemple personnalisé, à l'idée générale. L'idée maîtresse de l'article n'est alors formulée que dans le second paragraphe. Elle l'est aussi dans l'exemple suivant également par le sous-titre :

Ex. : *Dinner am Katzentisch. Noch immer kämpfen Frauen, die im Dienste ihrer Firma unterwegs sind, gegen alte Klischees.*
In den Pausen zwischen ihren Geschäftsterminen in Afrika besucht <u>*Constanze Sow*</u> *(cas particulier) am liebsten bunte Märkte, um Stoffe zu kaufen. Ihr Problem : 'Meine Geschäftspartner wollen immer für mich bezahlen. Das hemmt meinen Kaufrausch.' Die Unternehmerin leitet eine Import-Export-Firma. Rund viermal im Jahr besucht sie ihre afrikanischen Kunden. (...)*
<u>*Geschäftsfrauen*</u> *(généralisation) sind eine immer bedeutender werdende Klientel für Hotels, Fluggesellschaften, Bahnen und Mietwagenfirmen. Die Zahl der Unternehmerinnen in Deutschland stieg in den vergangenen zehn Jahren um das Vierfache. (...)*

Dennoch werden sie auf Reisen kaum als Geschäftsfrauen wahrgenommen. Oft hält man sie für die mitreisende Gattin oder die Sekretärin des Mannes, der neben ihr steht.
(*Die Zeit,* 10.09.1993.)

2 Les informations principales

Dans un texte journalistique, qu'il soit de type informatif *(Nachricht)* ou argumentatif *(Kommentar),* il faut lire avec une attention particulière la première phrase de chaque paragraphe, car c'est elle qui contient le plus souvent l'idée principale du passage. L'idée est en général suivie d'un fait qui l'illustre, d'un exemple éclairant ou d'un développement explicatif.

Ex. : *Tanzen ist gesund und hält gesund. Viele Menschen suchen im Tanzsport Erholung und Entspannung* (idée). *In harmonischen Bewegungen können Belastungen, Streß und Verspannungen abgebaut werden* (illustration).
(» Tanzschulen in Deutschland « in *Freiburger Wochenbericht,* 17.03.1988.)
Alle Tanzschulen legen Wert darauf, 'up to date' zu sein (idée). Neueste Trends werden sofort aufgenommen, wie beispielsweise der 'Mambo' (exemple) (ibid.).

3 Les articulations logiques

Le texte journalistique informe et argumente, il a une cohérence logique. Aussi importe-t-il de bien repérer les connecteurs du discours, notamment les corrélatifs (par exemple *nicht nur ..., sondern auch*), les liaisons entre les phrases et les transitions entre les principaux paragraphes.

Ex. : *Freilich auch heute noch legen die Tanzschulen Wert auf gepflegte Umgangsformen, doch ist der Ton zeitgemäßer und lockerer geworden. (...) Dabei geht es nicht nur um Bewegung, sondern auch um Geselligkeit. Der gemütliche Plausch nach dem Unterricht ist ebenso wichtig wie das Erlernen der Grundschritte.* (*Tanzschulen in Deutschland,* op. cit.).

◆◆◆ APPLICATION ◆◆◆

Lisez attentivement l'article de presse suivant :

Die Horror-Kids und ihre Eltern.

Sie wirken so unschuldig. Doch das Urteil über die Angeklagten fällt hart aus. 'Wenn ich das gewuβt hätte, was da auf mich zukommt, hätte ich nie Kinder bekommen !' schimpft eine Mutter. (...) 'Die Kinder von heute sind kleine Monster', stellt lapidar eine Lehrerin fest.

Um den Ruf der Jugend ist es mal wieder schlecht bestellt. Ohne mit der Wimper zu zucken, hat man sie schon lange als No-future-Generation abgestempelt. Und jetzt haben viele Erwachsene anscheinend endgültig die Nase voll : Lustlos, gewalttätig, unkontrollierbar, respektlos, narziβtisch, verwöhnt, unsozial und tyrannisch sollen sie sein, die Kinder von heute.

Doch bei der bloβen Beschreibung eines desolaten Zustands bleibt es nicht. Wie immer wird umgehend nach den Schuldigen gefahndet ; und in den Augen vieler sind das natürlich in erster Linie die Eltern der Horror-Kids, jene scheinbar unsterblichen, laxen 68er. Mit ihrer antiautoritären Erziehung, so heiβt es nun, sind sie letztendlich schuld an Lustlosigkeit und Gewalt.

Den Autoritätsverlust beklagen naturgemäβ vor allem die Lehrer. (...) 'Sprüche wie 'Halten Sie doch den Mund, Sie dumme Kuh !' sind den armen, unterdrückten Würmern durchaus geläufig', meint eine Grundschullehrerin verbittert. (...)

Die Titel der modernen Erziehungsratgeber sprechen für sich : 'Tyrannen in Turnschuhen', 'Kinder brauchen Grenzen', 'Der kleine Tyrann', 'Wieviel Freiheit braucht mein Kind ?', 'Wenn Eltern zu sehr lieben'. Anscheinend haben Eltern das Vertrauen in ihre Fähigkeit, Kinder zu erziehen, verloren. (...)

In diesem Punkt nämlich sind sich alle einig : Elternsein ist stressiger denn je. 'Seit ich Kinder habe, ist mein Leben ein einziger Kampf : Gegen die Süβwarenindustrie, gegen die elektronischen Medien, gegen die Spielwarenindustrie, gegen die Werbung', resümiert eine Mutter.

Mütter, die früher jahrelang nach Bedarf gestillt, Babymassage-Kurse belegt und Krabbelgruppen organisiert hatten, gehören heute, nach Wiedereinstieg ins Berufsleben, manchmal zu den eifrigsten

Verfechtern der 'neuen' autoritären Erziehung. 'Ich habe längst begriffen, daβ man mit Diskutieren nicht weiterkommt', sagt eine Mutter. 'Jetzt gibt es bei uns Strafen : Hausarrest, Taschengeldentzug und Fernsehverbot.' (...)

War es also ein Fehler, daβ Eltern versucht haben, Kinder als Partner zu erziehen ?

Nach Iris von Finckenstein, *Süddeutsche Zeitung,* 26.08.1995.

1 L'« accroche » journalistique

Dans l'article ci-dessus, identifiez l'« accroche » journalistique.

2 Les informations principales

Classez en deux colonnes les éléments qui relèvent des « idées » (abstraites) et ceux qui relèvent des « faits » concrets, les exemples.

3 Les articulations logiques

Reportez dans une troisième colonne les mots-charnières et les expressions qui marquent une transition.

Corrigé

1 L'« accroche » journalistique

Le premier paragraphe livre l'« accroche » de l'article. L'auteur part de trois témoignages concrets sur les enfants d'aujourd'hui. L'idée maîtresse de l'article n'est formulée qu'au début du deuxième paragraphe : les enfants sont aujourd'hui mal vus par les adultes.

2 Les informations principales

Les informations principales apparaissent dans la première colonne du tableau ci-dessous.

3 Les articulations logiques

Elles figurent dans la colonne « liaisons » du tableau ci-après.

Tableau idées - illustrations :

Idées	Illustrations	Liaisons
Um den **Ruf der Jugend** ist es mal wieder schlecht bestellt.	Ohne mit der Wimper zu zucken, hat man sie schon lange als No-future-Generation abgestempelt.	
Und jetzt haben **viele Erwachsene** anscheinend endgültig die Nase voll.	Lustlos, gewalttätig, unkontrollierbar, respektlos, narzißtisch, verwöhnt, unsozial und tyrannisch sollen sie sein, die Kinder von heute.	
Wie immer wird umgehend nach den Schuldigen gefahndet; und in den Augen vieler sind das natürlich in erster Linie **die Eltern** der Horror-Kids, jene scheinbar unsterblichen, laxen 68er.	Mit ihrer antiautoritären Erziehung, so heißt es nun, sind sie letztendlich schuld an Lustlosigkeit und Gewalt.	**Doch** bei der bloßen Beschreibung eines desolaten Zustands bleibt es nicht **letztendlich.**
Den Autoritätsverlust beklagen naturgemäß vor allem **die Lehrer.**	Sprüche wie : ‘Halten Sie doch den Mund, Sie dumme Kuh !’	Autoritätsverlust
Die Titel der modernen **Erziehungsratgeber** sprechen für sich.	‘Tyrannen in Turnschuhen’ usw.	Erziehung
Elternsein ist stressiger denn je.	ein einziger Kampf gegen die Süßwarenindustrie usw.	**nämlich**
Mütter, die früher jahrelang nach Bedarf gestillt hatten usw., gehören heute manchmal zu den eifrigsten Verfechtern der ‘neuen’ autoritären Erziehung.	‘Ich habe längst begriffen, daß man mit Diskutieren nicht weiterkommt’ usw.	Mütter **also**

EXERCICE

Exercice 1

Berlin, Grolmannstraße.
Lucie Mannheimer wohnt in der Grolmannstraße. Einmal, als wir im Regen die Straße entlanggehen, sehen wir einen großen, etwa zwölfjährigen Jungen. Er verläßt den Bürgersteig, wartet mit scheuen Augen, bis wir vorbei sind, setzt seinen Weg an der Hauswand fort. Er hat Angst. Warum hat er Angst, frage ich meine Mutter. Sie antwortet : Er ist Jude.

Woran erkennt man, daß einer Jude ist, frage ich, als wir den engen, lichtlosen Hof überqueren.

Einen Juden erkennt man daran, daß er einen gelben Stern trägt, sagt meine Mutter.

Tante Lucie ist also auch Jude, denke ich. Aber sie hat keine Angst, wenn wir kommen.

Warum hat sie keine Angst, frage ich.

Wer, fragt meine Mutter.

Lucie, sage ich. Warum hat sie keine Angst, wenn wir kommen ? Meine Mutter schweigt. Ich sei noch ein Kind, ich könne das nicht verstehen, sagt sie, als ich sie auf der Treppe noch einmal frage.

Wir klopfen, hören drin eine Tür gehen.

Stille. Wir warten.

Mach auf, Lucie. Wir sind es, sagt meine Mutter.

Die Tür öffnet sich einen Spalt ; ich kann Lucies schmales, blasses Gesicht sehen. Sie ist krank, sie braucht viel zu essen, sagt meine Mutter immer, wenn wir ihr Brot, einen Topf Suppe bringen. Der Topf, in Zeitungspapier gewickelt, wird auf den Küchentisch gestellt, die beiden Frauen, Freundinnen, tauschen zwei, drei Sätze, flüsternd, als wären sie nicht allein in der Wohnung. Im Korridor, wo Lucies Mantel mit dem gelben Stern hängt, umarmen sie sich.

Wir gehen die Treppe hinunter, über den engen, lichtlosen Hof ; die Angst löst sich in mir.

Ich möchte kein Jude werden, sage ich, als wir im Regen die Straße entlanggehen.

Zwei Wochen später, es ist Sommer, der Himmel ist blau über der

Stadt, stehen wir wieder vor Lucies Tür. Wir klopfen, aber es rührt sich nichts in der Wohnung.

Wo wolln Sie denn hin, fragt ein Mann, der die Treppe heraufkommt.

Zu Lucie Mannheimer, sagt meine Mutter.

Die wohnt nicht mehr hier, sagt der Mann. Die Juden sind gestern abgeholt worden. Die sind jetzt da, wo sie hingehören.

Er lacht, streckt den Arm aus :

Heil Hitler !

Wir gehen schweigend die Treppe hinunter.

Wo gehören die Juden denn hin, frage ich.

Ich weiß nicht, sagt meine Mutter.

Sie weint.

Jetzt hast du die Suppe umsonst getragen, sage ich.

Es gibt Schlimmeres, sagt meine Mutter.

Kurt Bartsch, *Berlin, Grolmannstraße*. Rowohlt Verlag, Reinbek, aus » Kaderakte «, 1979.

1. Questions de compréhension globale

1. Identifiez les personnages du texte et leurs relations.
2. Analysez le découpage chronologique du récit. Combien de scènes comporte-t-il et dans quels lieux se déroulent-elles ? Citez les indications spatiales correspondantes.
3. Welche Wörter spielen im Text eine große Rolle ? Was können wir daraus schließen ?

2. L'attitude du narrateur

1. Qui est le narrateur ? Quel âge lui donnez-vous ? Qu'est-ce qui fait l'originalité de la perspective narrative de ce texte ? Existe-t-il un rapport entre l'auteur et le narrateur ? Appuyez-vous sur les informations paratextuelles.
2. Warum hat der Autor Ihrer Meinung nach diese Erzählperspektive gewählt ?

Corrigé p. 235

CHAPITRE 2

COMPRÉHENSION DÉTAILLÉE

Remarques générales

Lorsque vous aurez dégrossi le texte pris dans son ensemble au moyen des techniques présentées dans le chapitre précédent, vous allez pouvoir affiner votre compréhension en descendant au niveau de la phrase et ensuite des mots.

MÉTHODE

LA COMPRÉHENSION GRAMMATICALE

1 Les formes verbales complexes

Une des difficultés syntaxiques de l'allemand est l'existence d'un groupe verbal discontinu, c'est-à-dire que lorsque le verbe conjugué occupe la première ou la deuxième place, les formes impersonnelles (infinitif et participe), la particule séparable ou le complément immédiat du verbe restent à la fin de la phrase ; l'éloignement des deux parties du verbe ou du noyau verbal est parfois très important, ce qui oblige à une gymnastique à laquelle les francophones ne sont pas habitués.

Ex. : *Aber unter Tonios runder Pelzmütze* ***blickten*** *aus einem brünetten und ganz südlich scharfgeschnittenen Gesicht dunkle und zart umschattete Augen mit zu schweren Lidern träumerisch und ein wenig zaghaft* ***hervor.***

(Thomas Mann, *Tonio Kröger,* © S. Fischer Verlag, Berlin 1903.)

▶ 1. Les formes verbales à deux termes

Apprenez à analyser les prédicats complexes à deux termes : infinitif ou participe + verbe conjugué (*haben, sein, werden* ou verbe de modalité). Ne confondez pas les formes d'infinitif et de participe passé, notamment en combinaison avec l'auxiliaire *werden*.

Participe passé + *werden* = passif : *Es* ***wurde*** *an diesem Abend viel* ***getrunken.***
Infinitif + *werden* = futur : *Nächstes Jahr* ***werde*** *ich nach Spanien* ***fahren.***
Attention ! Certains participes passés ne se distinguent en rien d'un infinitif : ce sont des verbes forts qui commencent par un préverbe inséparable comme *bekommen* et *empfangen.*
– *Der Chef* ***wird*** *den faulen Arbeiter* ***entlassen*** (Le patron licenciera l'ouvrier paresseux).
– *Der Arbeiter* ***wird*** *vom Chef* ***entlassen*** (L'ouvrier est licencié par son patron).
Repérez également les infinitifs compléments précédés de *zu :*
– *Er weiß nicht, ob er* ***zu antworten braucht*** (Il ne sait pas s'il lui faut répondre).
– *Das Haus* ***ist zu verkaufen*** (La maison est à vendre).

▶ 2. Les formes verbales surcomposées

Les formes verbales à trois termes, le plus souvent des constructions passives et modales, sont parfois difficiles à décoder :
• Participe passé + *worden* + *ist/war* : *Der Briefträger* ***ist*** *von dem Basset* ***gebissen worden*** (le facteur a été mordu par le basset) ;
• Infinitif passé (participe + auxiliaire à l'infinitif) + verbe de modalité : *Er* ***soll*** *im Alter von zwanzig Jahren* ***Europa verlassen haben*** (On dit qu'il a quitté l'Europe à l'âge de vingt ans) ;
• Futur antérieur (infinitif passé + *werden*) : *In zwei Tagen* ***wird*** *Heinz in Moskau* ***angekommen sein*** (Dans deux jours Heinz sera arrivé à Moscou) ;
• Infinitif passif (participe passé + *werden*) + verbe de modalité : *In der Schule* ***darf*** *nicht* ***geraucht werden*** (Il est interdit de fumer à l'école) ;
• Double infinitif (infinitif + participe à forme d'infinitif + auxiliaire) : *Er* ***hat*** *sich die Haare* ***schneiden lassen*** (Il s'est fait couper les cheveux) ; *Der Arzt* ***hat*** *um Mitternacht einen Kranken* ***besuchen müssen*** (le médecin a dû rendre visite à un malade à minuit).
• Infinitif avec verbe de modalité au futur : *Wahrscheinlich* ***wird*** *deine Freundin zu der Party nicht* ***kommen können*** (Ton amie ne pourra vraisemblablement pas venir à la boum).

▶ 3. Les locutions verbales

L'allemand moderne, surtout journalistique, use volontiers de locutions verbales *(Funktionsverben)* en remplacement de verbes simples.

Locutions verbales	Verbes simples	Traduction
einen Einfluß ausüben	*beeinflußen*	influencer
die Flucht ergreifen	*fliehen*	s'enfuir
Abschied nehmen	*sich verabschieden*	prendre congé
an + datif *Kritik üben*	*kritisieren*	critiquer
zum Ausdruck bringen	*ausdrücken*	exprimer
eine Entscheidung treffen	*sich entscheiden*	se décider
einen Entschluß fassen	*sich entschließen*	se décider

② Les mots de structure

Les mots de structure représentent près de la moitié des termes d'un texte. On y range les conjonctions de coordination et de subordination, les adverbes de liaison, les prépositions, les déterminants et les pronoms. Il faut les connaître parfaitement en raison de leur fréquence. Ils constituent des listes closes faciles à mémoriser. Mais attention ! Certains d'entre eux ont des emplois et des sens différents.

▶ 1. Les mots-outils polysémiques

• ***Als* : conjonction de subordination ou particule de comparaison**

– ***Als*** *ich klein war, versteckte ich mich auf den Apfelbäumen im Garten meiner Tante* (Quand j'étais petit, je me cachais dans les pommiers du jardin de ma tante).

– *Mehr* ***als*** *jedes andere Land sollen wir offen bleiben* (Plus que tout autre pays nous devons rester ouverts).

• ***Da* : conjonction, adverbe de lieu ou adverbe de temps**

– *Und* ***da*** *ich nicht bereit war, nach Deutschland zurückzukehren, enterbte sie mich* (Et comme je n'étais pas prête à retourner en Allemagne, elle me déshérita).

– *Meine Mutter wurde auch noch krank,* ***da*** *mußte ich Geld verdienen* (De plus, ma mère tomba malade, alors il me fallut gagner de l'argent).

– *Aber* ***da*** *gab es auch noch die Tante meines italienischen Mannes* (Et puis il y avait aussi la tante de mon mari italien).

• *Um* : **particule verbale, préposition ou conjonction de subordination**

– *Nur mit Nadja gingen sie* ***um*** *wie früher* (Ce n'était qu'avec Nadia qu'ils se comportaient comme autrefois).

– *Wieder sah sie die Kinder* ***um*** *den runden Tisch sitzen* (Elle revit les enfants assis autour de la table ronde).

– ***Um*** *etwas zu werden, ging er zu den Saboteuren, die gegen die Regierung kämpften* (Pour être quelqu'un, il se joignit aux saboteurs qui combattaient le gouvernement).

• ***Zu*** **: préposition, particule de comparaison, particule devant infinitif, particule verbale**

– *Sie hatte* ***zu*** *der Zeit einen israelischen Freund* (À cette époque, elle avait un ami israélien).

– *Ich war nur* ***zu*** *jung wie die meisten Männer unter dreißig,* ***zu*** *unfertig, um Vater zu sein* (J'étais tout simplement trop jeune comme la plupart des hommes de moins de trente ans, trop immature pour être père).

– *Ich ging auf ihn* ***zu*** (Je me dirigeai vers lui).

▶ 2. Les négateurs

Ne pas repérer une négation dans une phrase conduit à un contresens. Il est donc indispensable de bien connaître les différents négateurs allemands.

• ***Nicht***

– *Sie hatte ihn wirklich* ***nicht*** *wiedererkannt* (Elle ne l'avait vraiment pas reconnu) : négation globale.

– *Ich wurde zum Klassensprecher gewählt,* ***nicht*** *er* (J'ai été élu délégué de classe, pas lui : (négation partielle).

• ***Nicht mehr***

– *Im Dunklen traue ich mich* ***nicht mehr*** *auf die Straße* (Dans l'obscurité, je n'ose plus aller dans la rue).

• ***Nicht (mehr) ..., sondern ; nicht nur ..., sondern auch*** (Non seulement, mais encore)

Unsere Wandzeitung vertritt jetzt ***nicht mehr*** *nur eine, nämlich die richtige Meinung,* ***sondern*** *ganz unterschiedliche* (Notre journal mural n'affiche plus une seule opinion, c'est-à-dire la bonne, mais des opinions très diverses).

• ***Nichts***
Das hat ihm aber alles ***nichts*** *genutzt* (Mais tout cela ne lui a servi à rien).
• ***Kein, kein ... mehr***
Es gab ***keine*** *Rettung* ***mehr*** (Il n'y avait plus de salut possible).
• ***Noch nicht***
Die Schüler sind ***noch nicht*** *fertig* (Les élèves n'ont pas encore terminé).
• ***Nie, niemals***
– *Ich hatte Gerlachs* ***nie*** *richtig gesehen* (Je n'avais jamais vraiment vu les Gerlach).
– *Ich weiß natürlich, daß ich euch* ***niemals*** *ersetzen kann, was ihr verloren habt* (Je sais bien sûr que je ne pourrai jamais remplacer ce que vous avez perdu).
• ***Niemand, keiner***
– *Und wenn* ***niemand*** *dahintersteht, mache ich auch nichts* (Et si personne ne m'y pousse, je ne fais rien).
– ***Keiner*** *hat etwas gesagt* (Personne n'a rien dit).
• ***Nicht einmal*** (même pas)
Seinen Großvater rief er ***nicht einmal*** *an* (Il n'appela même pas son grand-père).

3 Les dépendantes

En présence d'une phrase complexe – c'est-à-dire une phrase où s'enchaînent, voire s'enchâssent plusieurs propositions – vous avez dans un premier temps repéré et délimité les subordonnées grâce à la position (habituellement) finale du verbe et à la ponctuation. Vous allez ensuite définir la nature de chacune d'elles en analysant la conjonction qui figure en tête.

▶ 1. Le pronom relatif

Il ne se différencie pas de l'article *der, die, das,* sauf au datif pluriel *(deren)* et au génitif *(dessen, deren).*
– *Das war ja der Lajosch Molnar,* ***der*** *mit ihr in die Schule gegangen war* (C'était bien Lajosch Molnar qui était allé avec elle à l'école).
Es gab Tage, an ***denen*** *sie überhaupt nicht mehr in die Schule gehen wollte* (Il y avait des jours où elle ne voulait plus du tout aller à l'école).
Les formes du génitif du pronom relatif ***dessen*** et ***deren*** peuvent être également des pronoms démonstratifs :
– *Ralf, Silke und* ***deren*** *Freunde* (Ralf, Silke et leurs amis).

▶ 2. L'analyse de phrases complexes

L'allemand a parfois tendance à utiliser de longues phrases, dont les propositions peuvent être imbriquées. Pour comprendre de telles constructions, on ne peut faire l'économie de l'analyse grammaticale.

– ***Auch wenn*** *ich anfangs manchmal verzweifelt war,* (subordonnée temporelle),
weil *ich mich allein fühlte,* (subordonnée causale)
machte es mir doch Spaß, (principale : verbe en deuxième position)
*in eine fremde Welt ein**zu**dringen,* (infinitive)
(Baccalauréat 1995, texte d'après U. Wickert.)

4 Les compléments circonstanciels

• On rencontre en allemand certains compléments circonstanciels, notamment de temps ou de manière, à l'accusatif ou au génitif sans préposition.

Lange, lange Jahre *hatte ich in dieser Gasse gewohnt* (Pendant de longues années j'avais habité dans cette ruelle).

– ***Eines Tages*** *stand er in der Tür seines Ladens und wartete auf Kundschaft* (Un jour il se tenait à la porte de son magasin et attendait que des clients viennent).

– *Sie ging* ***leichten Fußes*** *die Treppe hinauf* (Le pied léger, elle monta l'escalier).

• Mais le plus souvent les compléments circonstanciels sont introduits par une préposition. **Attention :** certaines « prépositions » sont à proprement parler des « postpositions », voire des « circumpositions », c'est-à-dire qu'elles suivent le complément auquel elles se rapportent ou bien l'encadrent.

Dann hatte er sich ***ihr gegenüber*** *hingesetzt* (Puis il s'était assis en face d'elle).

• Nous avons déjà constaté que certaines prépositions appartiennent aussi à d'autres catégories de mots, mais il faut en outre se méfier de celles, notamment parmi les plus courantes, qui ont en outre des sens différents – par exemple temporel, spatial et abstrait. C'est le cas de ***an, bei, zu,*** etc.

– *Ich bin* ***am*** *14. Januar geboren* (Je suis né(e) le 14 janvier).
– *Ich hänge ein Bild* ***an*** *die Wand* (J'accroche un tableau au mur).
– *Ich hänge* ***an*** *dir* (Je tiens à toi).

• Sachez également distinguer les compléments circonstanciels (facultatifs) des compléments obligatoires, liés à la valence du verbe :
Er verliebte sich ***in*** *Heidelberg* ***in*** *eine Brünette* (Il s'est amouraché d'une brune (*sich verlieben in* + accusatif) à Heidelberg (complément circonstanciel).

⑤ Le sujet

En allemand, il n'est pas toujours aisé de repérer le sujet de la phrase, et ce pour trois raisons principales : sa position n'est pas aussi figée qu'en français, le volume du groupe sujet peut dérouter le lecteur et enfin il peut briller par son absence.

▶ 1. La place du sujet

Le sujet n'est pas toujours en tête de la phrase, on le trouve fréquemment en troisième position, après le verbe, voire plus loin dans la phrase. *Statt dessen droht den Investoren* [COI] *kaum ein Jahr nach Inbetriebsnahme* [des Eurotunnels] [complément circonstanciel de temps] ***ein Milliardengrab*** [sujet]. (*Der Spiegel*, 38/1995) (Au lieu de cela **un trou de plusieurs milliards** menace les investisseurs un an à peine après la mise en service de l'Eurotunnel).

▶ 2. La nature et l'importance du groupe sujet

Le sujet peut être un pronom ou un groupe nominal simple, c'est le cas le plus fréquent. Mais il peut s'agir aussi d'un groupe nominal complexe : plusieurs noms coordonnés, un nom complété par un complément de nom au génitif, par une relative, par un groupe prépositionnel, par un groupe adjectival ou participial, voire une proposition entière (complétive introduite par ***daß, ob, wie*** ou infinitive) :

• Noms coordonnés

Der stürmische Auftritt, die umgestülpte Tasche, die Augen *kamen mir bekannt vor.*

• Expansion par un complément de nom au génitif :

– ***Die wenigen Sachen der ärmlichen Wohnung*** *waren schon zusammengepackt.*

• Expansion par une relative :

Jener Stefan Roth, der gerne geschwommen und über lange Strecken sehr schnell gelaufen war, *hatte ihm wenig geglichen und war so kindisch gewesen wie die übrigen Schüler in dieser Klasse.*

• Expansion par un groupe prépositionnel :

Das Licht im Abteil ging an.

• Expansion par un groupe adjectival ou participial :
Der für die Marketinggesellschaft 'Partner für Berlin' verantwortliche Geschäftsführer Wilhelm von Boddien *(...) soll nach den Wahlen zum Berliner Abgeordnetenhaus möglicherweise seinen Hut nehmen.* (*Süddeutsche Zeitung*, 16.09.1995.)

• Proposition sujet :

– ***Daß gewaltlos demonstrierende Menschen, unter denen auch ältere Leute waren, geschlagen wurden,*** *hat mich tief erschüttert.*

– ***Juden zu beschenken,*** *war aber verboten* (Il était interdit de faire des cadeaux à des Juifs).

▶ 3. Phrases ou propositions sans sujet exprimé

(verbes impersonnels, passif impersonnel).

– *Jetzt ist ihr nicht mehr zu helfen* (maintenant, **on** ne peut plus rien faire pour elle).

– *Früher war es eine Selbstverständlichkeit gewesen, daß denjenigen in der Klasse geholfen wurde, die Schwierigkeiten hatten* (autrefois il allait de soi que l'on aidât les élèves en difficulté).

◆◆◆ APPLICATION ◆◆◆

1 Les formes verbales complexes

▶ 1. Les formes verbales surcomposées

Définissez la nature des formes verbales composées suivantes, puis traduisez.

a) Wann wird es zu regnen aufhören ?

b) Das Gesicht eines alten Mannes will er hinter dem Fenster gesehen haben.

c) In Indien soll er sich mit einer Schwarzen verheiratet haben.

d) Er hatte das Haus seinem einzigen Sohne hinterlassen müssen.

▶ 2. La valence des verbes

Trouvez la phrase qui exprime la même idée.

1 – *Die Schüler spotten über den neuen Klassenkameraden.*

a) Die Schüler ärgern sich über den neuen Klassenkameraden.

b) Die Schüler lachen den neuen Klassenkameraden aus.

c) Der neue Klassenkamerad lacht über die Schüler.

2 – *Ich halte diesen jungen Mann für verrückt.*
a) Ich hänge sehr an diesem jungen Mann.
b) Ich schwärme für diesen jungen verrückten Mann.
c) Ich glaube, dieser junge Mann ist verrückt.

▶ 3. Les locutions verbales

Trouvez la phrase de sens équivalent.

1 – *Der Lehrer hat einen endgültigen Entschluß gefaßt.*
a) Der Lehrer hat sich nicht entschließen können.
b) Der Lehrer hat eine definitive Entscheidung getroffen.
c) Der Lehrer beschloß, der Sache ein Ende zu setzen.

2 – *Die Liebenden nehmen voneinander Abschied.*
a) Die Liebenden verabschieden sich.
b) Die Liebenden lassen sich scheiden.
c) Den Liebenden fällt der Abschied schwer.

2 Les mots de structure

Identifiez les différentes significations des mots-outils polysémiques ***als, da, um, wie*** *et* ***zu*** *dans les phrases suivantes.*

– **Als** ein Zug einlief, er ging gerade zum siebtenmal an ihr vorbei, sah er ihr zum erstenmal in die Augen.
War es also ein Fehler, daß Eltern versucht haben, Kinder **als** Partner zu erziehen ?

– **Da** Sie mein Landsmann sind, dürfen Sie um keinen Preis von hier fort.
Die sind jetzt **da,** wo sie hingehören.

– Manchmal beneide ich ihn **um** sein Haus.
Die vier Jahre waren **um.**
In den Pausen zwischen ihren Geschäftsterminen in Afrika besucht Constanze Sow am liebsten bunte Märkte, **um** Stoffe zu kaufen.

– Für die Ewigkeit, **wie** man früher sagte.
Doch, **wie** hätte ich ohne Verblendung in diese trostlose Affäre geraten können ?
Der gemütliche Plausch nach dem Unterricht ist ebenso wichtig **wie** das Erlernen der Grundschritte.

– Er hört sehr aufmerksam **zu.**
Ich habe schon oft beschlossen, ihn nicht mehr **zu** besuchen.
Auch du wirst es wissen eines **zu** späten Tages, was war, das war.

3 Les dépendantes

Dans les phrases suivantes, repérez les verbes conjugués et indiquez la nature des propositions .

1 – Hätte ich gerade diesen Menschen, der es ja gut gemeint hatte, gefährden sollen ?

2 – Aber wir könnten trotzdem versuchen, ein wenig zu einer Familie zusammenzuwachsen.

3 – Und kurz später gab er tatsächlich seinen Beruf auf, obwohl er Vater von zwei Kleinkindern war und seine Frau keinen Beruf ausübte.

4 – Und ich spürte, daβ sie litt, weil nun so viele Gedanken ungeschrieben bleiben muβten.

4 Les compléments circonstanciels

Lisez l'extrait suivant du roman de Günter Grass, Le Tambour, *puis reportez dans quatre colonnes : les compléments de temps – les compléments de lieu (prépositions* ***vor, nach, in, an****) – les compléments abstraits (manière, agent, instrument, etc.) – les compléments obligatoires (valence des verbes).*

Die Tribüne.

Indem ich die Foyerfenster unseres Stadttheaters zersang, suchte und fand ich zum erstenmal Kontakt mit der Bühnenkunst. Mama muβ trotz starker Beanspruchung durch den Spielzeughändler Markus an jenem Nachmittag mein direktes Verhältnis zum Theater bemerkt haben, denn während der folgenden Weihnachtszeit kaufte sie vier Theaterkarten, für sich, für Stephan und Marga Bronski, auch für Oskar, und nahm uns drei am letzten Adventssonntag zum Weihnachtsmärchen mit. Zweiter Rang Seite, erste Reihe saβen wir. Der Protzlüster, über dem Parkett hängend, tat, was er konnte. So war ich froh, daβ ich ihn vom Stockturm herab nicht zersungen hatte.

Günter Grass, *Die Blechtrommel. Danziger Trilogie 1,*
Darmstadt : Luchterhand, 1974.

5 Le sujet

Dans les phrases suivantes, repérez et analysez le groupe sujet comme indiqué dans la partie « méthode ».

– Die traurigen Gesichter der Eltern und der Groβmutter, die auch heute

noch am gewohnten Platz hinter dem Ofen saβ, die Kinder, alles machte einen tiefen Eindruck auf mich.
– Das einzige, sehr hohe Fenster mit kleinen, in Blei gefaβten Scheiben schien (...) nach einem groβen Garten hinauszuliegen (Theodor Storm, *Am Kamin*).
– Zur Frage, wieviele [Waffen] nach der neuen Festlegung dort verbleiben werden, wollten sich UNO-Vertreter nicht äuβern (*Süddeutsche Zeitung,* 16.09.1995).

Corrigé

1 Le noyau verbal

▶ 1. Nature des formes verbales

a) *wird... aufhören :* futur de l'indicatif.
Quand va-t-il cesser de pleuvoir ?
b) *will ... gesehen haben :* construction modale (verbe de modalité + infinitif passé).
Il prétend avoir vu le visage d'un vieil homme derrière la fenêtre.
c) *soll... sich ... verheiratet haben :* verbe de modalité + infinitif passé.
On dit qu'il s'est marié en Inde avec une Noire.
d) *hatte ... hinterlassen müssen :* auxiliaire + double infinitif.
Il avait dû léguer la maison à son unique fils.

▶ 2. Valence des verbes

1. b - 2. c

▶ 3. Locutions verbales

1. b - 2. a

2 Les mots de structure

Les mots-outils polysémiques
– **Als :** 1. conjonction de subordination (lorsque) ; 2. adverbe (en tant que).
– **Da** : 1. conjonction de subordination (étant donné que) ; 2. adverbe de lieu (là).
– **Um :** 1. valence : *jdn beneiden um* (envier qn pour qch) ; 2. adverbe (être fini, révolu) ; 3. expression de la finalité avec une infinitive prépositionnelle : *um ... zu.*
– **Wie :** 1. conjonction de subordination (comme) ; 2. interrogatif direct ; 3. particule de comparaison *(eben)so ... wie.*

– **Zu :** 1. particule séparable : *zu/hören* (*hören* : entendre, *zuhören :* écouter) ; 2. particule précédant un infinitif dans une proposition infinitive ; 3. particule de renforcement : trop.

3 Les dépendantes

1 – *hätte ... gefährden sollen :* double infinitif dans une interrogative directe (auxiliaire au subjonctif II en première position) ; *gemeint hatte :* plus-que-parfait dans une proposition relative.
2 – *könnten versuchen :* verbe de modalité au présent du subjonctif II suivi d'un infinitif – *zusammenzuwachsen :* verbe à particule séparable dans une proposition infinitive (présence de *zu* entre la particule et le radical du verbe).
3 – *er gab auf :* verbe à particule séparable au prétérit, en deuxième position dans la principale – *war* et *ausübte :* verbes au prétérit en dernière position dans une subordonnée concessive introduite par *obwohl.*
4 – *spürte :* prétérit en deuxième position dans la principale – *litt :* prétérit de leiden en dernière position dans une conjonctive introduite par *daß* – *bleiben mußten :* verbe de modalité au prétérit + infinitif en dernière position dans une subordonnée conjonctive de cause introduite par *weil.*

4 Les compléments circonstanciels

Compléments de temps	Compléments de lieu	Compléments abstraits (manière, agent, instrument)	Compléments obligatoires (valence)
zum ersten Mal an jenem Nachmittag	zum Weihnachtsmärchen über dem Parkett	Indem ich… zersang trotz starker Beanspruchung	Kontakt mit der Bühnenkunst
während der folgenden Weihnachtszeit am letzten Adventssonntag	vom Stockturm herab	durch den Spielzeughändler für sich, für Stephan, für Marga Bronski, für Oskar	Verhältnis zum Theater

5 Le sujet

1. Cette phrase comporte trois sujets coordonnés : *die traurigen Gesichter ..., die Kinder* et le pronom *alles :* le premier a lui-même deux expansions à gauche, un complément de nom au génitif *der Eltern und der Großmutter* et une relative *die ... saß.*
2. La première position dans la phrase est occupée par un groupe sujet complexe : le noyau du groupe *Fenster* est précédé de deux adjectifs et suivi d'une expansion par un groupe prépositionnel (mit + datif).
3. Le sujet, *UNO-Vertreter* occupe la troisième place dans la phrase.

MÉTHODE

LA COMPRÉHENSION LEXICALE

1 Les faux amis

On trouve en allemand de nombreux mots transparents, internationalismes et mots d'origine latine, française ou anglaise qui facilitent la compréhension des textes (cf. chapitre 1). Mais il y a aussi des termes qui peuvent induire en erreur et qu'on appelle communément faux amis. Il convient de distinguer les véritables faux amis, dont le sens est radicalement différent dans les deux langues, des faux amis partiels qui ont un sens sensiblement différent dans les deux langues ou qui ont plusieurs acceptions.

Sens totalement différent	Sens sensiblement différent
– *der Ami* (l'Américain) – *die Art* (la manière) – *das Baiser* (la meringue) – *die Figur* (la silhouette, le personnage) – *das Kaninchen* (le lapin) – *das Klavier* (le piano) – *der Kompaß* (la boussole) – *der Konkurs* (la faillite) – *partout* (absolument) – *das Regal* (l'étagère) – *salopp* (négligé) – *die Tasche* (le sac, la poche)	– *der Automat* (le distributeur) – *das Café* (salon de thé) – *die Krabbe* (la crevette) – *kurios* (bizarre) – *der Pensionär* (le retraité) – *der Professor* (professeur d'université) – *recherchieren* (enquêter) – *die Torte* (gâteau à la crème) – *die Weste* (le gilet)

Deux sens, dont un différent	Deux sens en français
– die Szene (la scène de théâtre ou la mouvance) ex. : *die Öko-Szene, die alternative Szene* – *die Form* (la forme ou le moule) – *die Kapelle* (la chapelle ou la fanfare) – *komisch* (comique ou étrange)	– *der Clou* (le clou « de la soirée ») – *die Jalousie* (la jalousie au sens de persienne) – *das Milieu* (le milieu social) – *die Serviette* (serviette de table) – *die Tour* (l'excursion)

2 Les homonymes

Les mots homonymes sont des mots qui ont la même prononciation (homophones) et parfois la même orthographe (homographes).

▶ 1. Les homographes

Parmi les homonymes et homographes allemands, certains ont le même article et le même pluriel, d'autres des articles différents, d'autres encore des pluriels différents, d'autres enfin des articles et des pluriels différents. D'où l'utilité de bien apprendre les articles et les pluriels !

• **Homonymes complets = même article et même pluriel :**
die Bremse, n (le taon ou le frein) – *das Gericht, e* (le plat ou le tribunal) – *das Mal, e* (le signe ou la fois).

• **Articles différents :**
– *der Junge, n* (le garçon) ; *das Junge, n* (le petit animal),
– *der Kunde, n* (le client) ; *die Kunde, n* (la nouvelle),
– *der Laster, -* (le camion) ; *das Laster, -* (le vice),
– *der See, n* (le lac) ; *die See, n* (la mer, l'aspect),
– *der Verdienst, e* (le gain) ; *das Verdienst, e* (le mérite).

• **Pluriels différents :**
– *die Bank* → *Bänke* (le banc) ; *Banken* (la banque),
– *das Gesicht* → *Gesichter* (visage) ; *Gesichte* (apparition),
– *der Rat* → *Räte* (conseiller) ; *Ratschläge* (conseil),
– *der Stock* → *Stöcke* (bâton, canne) ; *Stockwerke* (étage),
– *das Wort* → *Worte* (parole) ; *Wörter* (mot).

• **Articles et pluriels différents :**
– *der Band, Bände* (le volume, le tome) ; *das Band, Bänder* (le lien, le ruban),

– *der Gehalt, Gehalte* (teneur, proportion) ; *das Gehalt, Gehälter* (salaire, traitement),
– *der Leiter, Leiter* (chef) ; *die Leiter, Leitern* (échelle),
– *der Schild, Schilde* (bouclier) ; *das Schild, Schilder* (panneau),
– *die Steuer, Steuern* (impôt) ; *das Steuer, Steuer* (volant, gouvernail).

▶ 2. Les homophones

Certains homonymes ne sont qu'homophones, c'est-à-dire qu'ils ont une prononciation identique, mais une orthographe différente. Ils sont bien moins nombreux qu'en français (cf. ceint, saint, sein, seing ; cou, coup, coût) parce que l'orthographe allemande est beaucoup plus phonétique que l'orthographe française.
– *da**s*** (article ou pronom) ; *daß* (conjonction),
– *ma**n*** (on) ; *der Ma**nn*** (l'homme),
– *er ist* (il est) *er ißt* (il mange),
– *der W**ai**se* (l'orphelin) ; *der W**ei**se* (le sage) ; *die W**ei**se* (la manière),
– *die S**ai**te* (la corde d'un instrument de musique) ; *die S**ei**te* (le côté, la page),
– *die Le**h**re* (l'apprentissage) ; *die Le**e**re* (le vide),
– *m**ah**len* (moudre, broyer) ; *m**a**len* (peindre),
– *der Ra**t*** (le conseil, conseiller) ; *das Ra**d*** (la roue),
– *der Wir**t*** (l'aubergiste) ; *wir**d*** (3e personne du singulier du verbe *werden*).

▶ 3. Les homonymes verbaux

Les formes faibles et fortes de certains verbes coexistent avec un sens différent.

Verbes faibles	Verbes forts
bewegen (remuer, déplacer)	*bewegen, o, o* (inciter à)
erschrecken (effrayer)	*erschrecken, i, erschrak, o* (être effrayé)
löschen (éteindre)	*(er)löschen, i, o, o* (s'éteindre)
schaffen (travailler, réussir)	*schaffen, schuf, geschaffen* (créer)
senden, sendete, gesendet (émettre)	*senden, sandte, gesandt* (envoyer)
wenden, wendete, gewendet (tourner)	*sich wenden, wandte, gewandt* (se tourner vers quelqu'un)
wiegen (bercer)	*wiegen, o, o* (peser)

❸ Les paronymes

On rencontre en allemand de nombreux paronymes, c'est-à-dire des mots presque homonymes, dont la prononciation et l'orthographe sont plus ou moins voisines.

▶ 1. Formes verbales voisines

Ne confondez pas :
– *fordern* (exiger) et *fördern* (encourager, extraire du charbon),
– *fühlen* (sentir) et *füllen* (remplir),
– *gelingen* (réussir) et *gelangen* (arriver, atteindre),
– *kennen* (connaître) et *können* (pouvoir),
– *leben* (vivre) et *lieben* (aimer),
– *stellen* (poser), *stehen* (être debout) et *stehlen* (voler),
– *bitten, a, e* (prier, demander), *bieten, o, o* (offrir, proposer), *beten* (prier), *betten* (coucher) et *betteln* (mendier).

▶ 2. Formes nominales voisines

Les mots suivants appartiennent à une même famille, mais ont des sens différents :
– *die Beziehung* (la relation) et *die Erziehung* (l'éducation),
– *das Bild* (l'image) et *die Bildung* (la culture),
– *das Wissen* (le savoir) et *das Gewissen* (la conscience).

Ne confondez pas non plus les paronymes suivants :
– *der Fortschritt* (le progrès), *die Forschung* (la recherche) et *die Vorschrift* (le règlement),
– *das Gedicht* (le poème), *das Gesicht* (le visage) et *die Geschichte* (l'histoire),
– *der Kohl* (le chou), *die Kohle* (le charbon) et *Helmut Kohl !*
– *die Mitte* (le milieu), *das Mittel* (le moyen) et *die Miete* (le loyer),
– *das Rad* (la roue), *der Rat* (le conseil(ler), *die Rate* (le taux, la mensualité), *die Ratte* (le rat) et le verbe *raten* (conseiller, deviner),
– *der Staat* (l'État), *die Stadt* (la ville) et *die Stätte* (le lieu) et la préposition *statt* (au lieu de).

▶ 3. Formes adjectivales et autres

Les mots qui suivent peuvent également prêter à confusion :
– *allgemein* (général), *gemein* (commun, vulgaire) et *gemeinsam* (en commun),

– *etwa* (environ ou par exemple) et *etwas* (quelque chose),
– *erstaunt* (étonné) et *enttäuscht* (déçu),
– *nun* (maintenant) et *nur* (seulement),
– *recht* (droit, juste), *richtig* (vrai, juste) et *gerecht* (juste, équitable).

4 La dérivation des mots

La langue allemande comporte un nombre de racines de mots relativement restreint. Mais, par le jeu de la dérivation et de la composition, il est possible d'étendre le vocabulaire presque à l'infini. Le système de dérivation de l'allemand présente l'avantage d'être à la fois très souple et très régulier grâce à l'adjonction au radical de préfixes et de suffixes variés.

Ex. : dérivation par préfixe

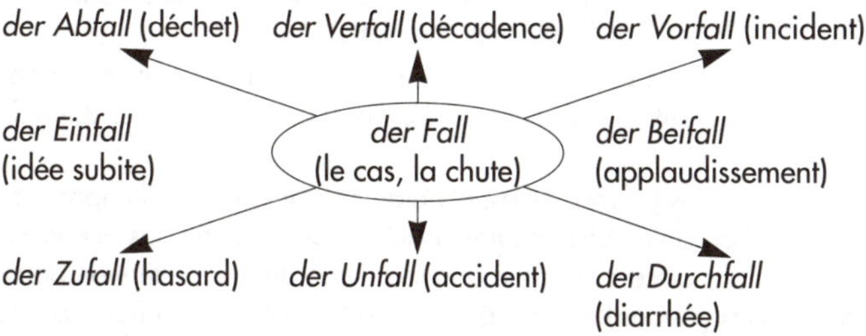

Lorsqu'un mot vous pose problème, recherchez-en la racine en supprimant préfixe et terminaison.

5 Les mots composés

L'allemand se distingue par l'abondance des mots composés. Pour enrichir votre vocabulaire passif, apprenez à les analyser correctement. Pour retrouver l'équivalent français, il faut lire le mot composé de droite à gauche, car en allemand c'est le dernier élément (le déterminé) qui est qualifié par celui ou ceux qui le précèdent (le déterminant).

Ex. : *das Bügeleisen* = le fer à repasser
2 1 1 2
das Dampfbügeleisen = le fer [à repasser] à vapeur
3 2 1 1 2 3

Les mots composés ne sont pas toujours transparents et certains sont difficiles à décoder par la simple analyse de leurs constituants. Par exemple *der Luftzug* n'est pas un type de train mais un courant d'air.

6 L'utilisation du dictionnaire

• Dans la plupart des dictionnaires, les mots dérivés et composés sont mentionnés dans un même article, à la suite du préfixe ou du déterminant commun.

Par exemple, le verbe *auseinandersetzen* figurera dans le même article que *auseinanderbringen, auseinanderhalten* et *auseinandernehmen, Verderbnis* à la suite de *Verderber, verderblich* et *Verderblichkeit, Jahreszeit* (saison) à la suite de *Jahresbilanz* (bilan annuel) et de *Jahrestag* (anniversaire).

Il importe de bien avoir conscience de ces regroupements sémantiques, car ils induisent souvent une rupture de l'ordre alphabétique strict. Ainsi on trouvera dans le dictionnaire *Autoreparatur* et *Autoversicherung* avant *Autodiktat* et *Automat, Eigelb* et *Eiweiß* avant *Eidechse* (lézard) et *Eierkuchen* (omelette).

• À l'inverse, les mots homonymes qui ont plusieurs genres ont des entrées différentes, par exemple *das Band* (le ruban) et *der Band* (le volume).

• Pour les mots polysémiques, et notamment les verbes, il importe de bien lire l'article du dictionnaire jusqu'au bout et de ne pas se contenter de la première traduction donnée. Accordez une attention particulière aux prépositions obligatoires, à la valence : l'adjonction de telle ou telle préposition peut changer totalement le sens d'un verbe.

• Enfin, les bons dictionnaires mentionnent aussi un certain nombre de collocations, c'est-à-dire des associations usuelles d'un verbe et d'un nom, d'un nom et d'un adjectif, etc., et d'idiomatismes, d'expressions toutes faites.

Ainsi, à l'article *Freude*, le *Langenscheidts Größes Wöterbuch* indique notamment les acceptions suivantes : *jemandem die Freude verderben* (gâter la joie de quelqu'un) ; *zu meiner großen Freude* (à ma grande joie) ; *geteilte Freude ist doppelte Freude* (plaisir partagé, plaisir doublé).

◆◆◆ APPLICATION ◆◆◆

1 Les faux amis

Traduisez les phrases suivantes. Attention ! Elles contiennent des faux amis.

1. Du bist aber ein kurioses Mädchen !

2. Meine Schwester ist salopp gekleidet.
3. Sie konnten sich partout nicht einigen.
4. Der TGV ist weniger exklusiv als der ICE.

2 Les homonymes

Traduisez les phrases suivantes.

1. Der Leiter des Supermarkts steigt auf die Leiter, um die Beleuchtung zu reparieren.
2. Wo segelst du lieber ? Auf der See oder auf einem See ?
3. Da es viele Leute in der Bank gibt, setze ich mich auf eine Bank und warte geduldig.
4. Wie hoch ist dein Gehalt als Beamter ?
5. Hast du den politischen Gehalt dieses Werkes gut verstanden ?

3 Les paronymes

Quelle est la bonne réponse ?

1. Er hat das Glas bis zum Rand gefüllt/geführt/gefühlt/gefürchtet.
2. Sie schüttet/schüttelt/schützt/stürzt die Suppe auf den Tisch.
3. Die Hühner sitzen auf der Stahl/Stall/Stamm/Stange.
4. Das Heer zieht/zahlt/zählt/zeigt nach Berlin.
5. Wie man sich bietet/betet/bittet/bettet, so liegt man.

4 La dérivation des mots

1. *Retrouvez les verbes forts dont sont dérivés les substantifs monosyllabiques suivants et traduisez-les ; la connaissance des temps primitifs des verbes (le changement de voyelle ou de radical) vous facilitera la tâche.*

der Biß – der Brand – der Bruch – der Fluß – der Gang – der Hang – der Klang – der Ritt – der Schluß – der Schnitt – die Schrift – die Sicht – der Sprung – der Zwang.

2. *Analysez les dérivés suivants : retrouvez la racine et donnez la traduction.*

unterentwickelt – liebenswürdig – gefühllos – das Mißverständnis – die Umschulung.

3. *Retrouvez le préverbe qui convient : an-, aus-, be-, ent-, er-, ver-.*

Er hat Selbstmord ....gangen. Heute habe ich Geburtstag. Ich möchte mit meinen Freunden ....gehen. Der arme Mensch kann seinem schrecklichen Schicksal nicht ....gehen. Die Zeit ....geht immer so schnell ! Wie ist es dir ....gangen ? Was geht mich das .... ?

5 Les mots composés

1. *Décryptez les mots composés suivants.*

die Postleitzahl – der Terminkalender – die Zusammenarbeit – die Nachttischschublade.

2. *Chassez l'intrus ! Dans ces séries de mots composés sur un même radical, un terme ne relève pas de la même famille sémantique.*

1. der Schweinekopf – der Dummkopf – der Hohlkopf – der Kindskopf – der Spitzkopf.
2. der ICE-Zug – der Eilzug – der Luftzug – der Personenzug – der Güterzug.
3. die Zukunftsmusik – die Filmmusik – die Jazzmusik – die Orgelmusik.
4. der Freudensprung – der Hochsprung – der Seitensprung – der Luftsprung.
5. die Abendschule – die Grundschule – die Baumschule – die Förderschule – die Hochschule.

6 Utiliser le dictionnaire

Recherchez dans le dictionnaire le ou les sens des mots et expressions suivants.

die Flur – *begeben* dans la phrase : *er begab sich nach Frankfurt* – *treffen* dans la collocation *eine Entscheidung treffen* – *bestehen* dans la phrase : *meine Aufgabe besteht darin, die Kunden zu empfangen.*

Corrigé

1 Les faux amis

1. Que tu es une drôle de fille !
2. Ma sœur s'habille de façon négligée.
3. Ils n'ont absolument pas pu se mettre d'accord.
4. Le TGV s'adresse à une clientèle moins distinguée que l'ICE.

2 Les homonymes

1. Le gérant du supermarché monte sur l'échelle pour réparer l'éclairage.
2. Où préfères-tu faire du voilier ? Sur la mer ou sur un lac ?

3. Comme il y a beaucoup de gens à la banque, je m'assieds sur un banc et j'attends patiemment.
4. À combien s'élève ton traitement de fonctionnaire ?
5. As-tu bien compris le contenu politique de cette œuvre ?

3 Les paronymes

1. Er hat das Glas bis zum Rand gefüllt.
2. Sie schüttet die Suppe auf den Tisch.
3. Die Hühner sitzen auf der Stange.
4. Das Heer zieht nach Berlin.
5. Wie man sich bettet, so liegt man.

4 La dérivation des mots

1. *der Biß* < *beißen* (la morsure) – *der Brand* < *brennen* (la brûlure) – *der Bruch* < *brechen* (la rupture) – *der Fluß* < *fließen* (la rivière) – *der Gang* < *gehen* (l'allure) – *der Hang* < *hängen* (la pente, le penchant) – *der Klang* < *klingen* (le son) – *der Ritt* < *reiten* (la chevauchée) – *der Schluß* < *schließen* (la fin) – *der Schnitt* < *schneiden* (coupure) – *die Schrift* < *schreiben* (l'écriture) – *die Sicht* < *sehen* (la vue) – *der Sprung* < *springen* (le saut) – *der Zwang* < *zwingen* (la contrainte).

2. *unterentwickelt* < *entwickeln* (développer) : sous-développé
liebenswürdig < *Liebe* (amour) + *würdig* (digne de) : aimable
gefühllos < *Gefühl* (sentiment) + suffixe privatif los- : insensible
das Mißverständnis < *verstehen* (comprendre), *das Verständnis* + préfixe privatif Miß- : le malentendu
die Umschulung < *die Schule* + um- (indique le changement) : le recyclage.

3. Les préverbes
begangen – ausgehen – entgehen – vergeht – ergangen – an.

5 Les mots composés

1. die POST/LEIT/ZAHL : le code postal (*die Zahl :* le nombre, *leiten :* guider)
der TERMIN/KALENDER : l'agenda (*der Termin :* le rendez-vous).
die ZUSAMMEN/ARBEIT : la coopération, collaboration.
die NACHT/TISCH/SCHUB/LADE : le tiroir de la table de nuit.

2. Chassez l'intrus

der Schweinekopf (la tête de porc) – *der Luftzug* (le courant d'air) – *die Zukunftsmusik* (les projets d'avenir) – *der Seitensprung* (l'écart de conduite) – *die Baumschule* (la pépinière).

6 Le dictionnaire

die Flur (fém. ; -en) : la campagne, les terres – *sich begeben* (verbe pronominal) : se rendre à – *treffen :* prendre (une décision) – *bestehen/in etwas bestehen :* consister en quelque chose – *seine Arbeit besteht darin, etwas zu tun :* son travail consiste à faire quelque chose.

EXERCICES

Exercice 2

Procédez à l'analyse logique de la phrase suivante ; identifiez les différentes propositions, indiquez leur nature, repérez le noyau verbal ainsi que le sujet et la conjonction éventuels :

Aber obgleich er genau wußte, daß die Liebe ihm viel Schmerz, Drangsal und Demütigung bringen müsse, daß sie überdies den Frieden zerstöre und das Herz mit Melodien überfülle, ohne daß man Ruhe fand, eine Sache rund zu formen und in Gelassenheit etwas Ganzes daraus zu schmieden, so nahm er sie doch mit Freuden auf, überließ sich ihr ganz und pflegte sie mit den Kräften seines Gemütes, denn er wußte, daß sie reich und lebendig mache, und er sehnte sich, reich und lebendig zu sein, statt in Gelassenheit etwas Ganzes zu schmieden.

Thomas Mann, *Tonio Kröger,*

Corrigé p. 236

Exercice 3

Hans Giebenrath war ohne Zweifel ein begabtes Kind ; es genügte, ihn anzusehen, wie fein und abgesondert er zwischen den anderen herumlief. Das kleine Schwarzwaldnest zeitigte sonst keine solchen Figuren, es war von dort nie ein Mensch ausgegangen, der einen Blick und eine Wirkung über das Engste hinaus gehabt hätte. Gott weiß, wo der Knabe die ernsthaften Augen und die gescheite Stirn und das Feine im Gang her hatte. Vielleicht von der Mutter ? Sie war seit Jahren tot, und man hatte zu ihren Lebzeiten nichts Auffallendes an ihr bemerkt, als daß sie ewig kränklich und bekümmert gewesen war. Der Vater kam nicht in Betracht. Also war wirklich einmal der geheimnisvolle Funke von oben in das alte Nest gesprungen, das in seinen acht bis neun Jahrhunderten so viele tüchtige Bürger, aber noch nie ein Talent oder Genie hervorgebracht hatte.

Ein modern geschulter Beobachter hätte, sich an die schwächliche Mutter und an das stattliche Alter der Familie erinnernd, von Hypertrophie der Intelligenz als Symptom einer einsetzenden

Degeneration sprechen können. Aber die Stadt war so glücklich, keine Leute von dieser Sorte zu beherbergen, und nur die Jüngeren und Schlaueren unter den Beamten und Schulmeistern hatten von der Existenz des » modernen Menschen « durch Zeitschriftenartikel eine unsichere Kunde. Man konnte dort noch leben und gebildet sein, ohne die Reden Zarathustras zu kennen ; die Ehen waren solid und oft glücklich, und das ganze Leben hatte einen unheilbar altmodischen Habitus.

Hermann Hesse, *Unterm Rad,*
Frankfurt : suhrkamp taschenbuch, 1972.

1. Classez dans un tableau les différents compléments circonstanciels que contient le texte ci-dessus (lieu, temps et manière).
2. Relevez les verbes à rection obligatoire.
3. Dressez la liste des négateurs présents dans le texte.
4. Classez les différents types de dépendantes.
5. Cet extrait comporte une locution verbale. Quelle est-elle ?
6. Relevez et analysez les formes verbales composées et surcomposées.
7. Recherchez et analysez les mots composés.
8. Procédez à l'analyse logique de la phrase suivante :

Die warmgesessenen, wohlhabenden Bürger, von denen in den letzten zwanzig Jahren manche aus Handwerkern zu Fabrikanten geworden waren, nahmen zwar vor den Beamten die Hüte ab und suchten ihren Umgang, unter sich nannten sie sie aber Hungerleider und Schreibersknechte.

Hermann Hesse, *Untern Rad.*

Corrigé p. 237

CHAPITRE 3

COMPRÉHENSION PROFONDE

Remarques générales

Après avoir examiné la forme du texte, le sens des phrases et des mots, nous revenons à la globalité du texte, mais à un niveau supérieur, celui de l'interprétation, qui ne peut se faire qu'après la compréhension de détail.
La compréhension d'un texte n'est vraiment assurée que lorsqu'on se montre capable d'en dévoiler le non-dit, d'en cerner l'implicite : quelle est l'attitude de l'auteur, qu'apprenons-nous sur le monde et les rapports humains ?
À l'examen, on évaluera votre aptitude à comprendre un texte écrit au moyen d'exercices variés qui portent en général sur différents niveaux de compréhension conjointement : globale, détaillée et profonde. La compréhension globale concerne les faits situationnels majeurs : on vous demande de savoir identifier les acteurs principaux du texte et le cadre de l'action. La compréhension profonde porte sur l'implicite du texte.

MÉTHODE

LA VÉRIFICATION DE LA COMPRÉHENSION

1 Les questionnaires vrai ou faux

L'exercice vrai ou faux avec justification est un exercice qui se trouve très fréquemment, pour ne pas dire presque toujours, dans la partie « compréhension de texte » de l'épreuve du bac.

▶ 1. Le questionnaire classique

En général, il est présenté sous forme binaire *richtig oder falsch*, beaucoup plus rarement sous forme ternaire *richtig, falsch, wir wissen nicht* ou *unbestimmt*.

• *Richtig oder falsch ?* Pour chacune des affirmations suivantes, cochez la case qui convient et justifiez votre choix par un passage du texte.

Wenn die Jungen Nadja erblicken, benehmen sie sich immer wie früher. **R ❑ F ❑**

Dans l'exemple précédent, les affirmations sont rédigées en allemand sans aide lexicale. Il s'agit donc de bien comprendre l'énoncé et de ne pas tomber dans certains pièges comme les réponses trop évidentes, par exemple : une négation ajoutée ou retranchée, la reprise d'un mot du texte employé dans un contexte différent, une négation partielle et non globale de l'énoncé ou vice versa.

• Depuis la session de juin 1995, pour ne pas entraver la compréhension, les affirmations sont le plus souvent rédigées en français, mais la justification est toujours en allemand : il s'agit de citer le texte.

Richtig oder falsch ? Pour chacune des propositions suivantes, cochez la case qui convient et justifiez votre choix en citant un élément du texte (indiquez le numéro de la ligne du texte).

1. Cette visite se déroule comme Alexis l'attendait. **R ❑ F ❑** ligne ...

▶ 2. Les questionnaires plus éloignés

Les affirmations s'appliquent successivement à différents personnages du texte.

• Précisez si les affirmations suivantes sont justes ou fausses. Cochez la case qui convient et justifiez votre choix en citant un élément précis du texte.

A. *Die Erzählerin*

– *langweilte sich als Kind.* **R ❑ F ❑**

– *ging ins Ausland, weil es ihr in Deutschland nicht gefiel.* **R ❑ F ❑**

B. Die deutsche Tante

– *macht sich Sorgen um ihre Nichte.* **R ❑ F ❑**

– *hält alle Indonesier für Wilde.* **R ❑ F ❑**

• Mentionnons une autre possibilité : les affirmations sont données sous forme de tableau et la justification doit être recherchée dans une série de propositions fournies au candidat.

Ex. : Dites si les affirmations sont justes ou fausses. Écrivez V (vrai) ou F (faux) dans la case prévue à cet effet. Choisissez ensuite parmi les quinze citations du texte qui suivent un justificatif et reportez le numéro correspondant dans la colonne J (justificatif).

	V	F	J
a) La femme est conférencière dans un musée			
b) Au début, elle semblait être terrorisée par les appels téléphoniques			

1. *Sie sah abends bis zum Programmschluß fern.*
2. *Sie saß noch fünf Stunden an der Museumskasse.*

Les différentes présentations de ce type d'exercice que nous avons passées en revue ne sont bien sûr pas les seules possibles.

Quelques conseils pratiques

1. Lisez bien l'énoncé de l'affirmation.
2. N'oubliez pas de cocher la case « R » ou « F », l'étourderie est mal récompensée.
3. Recopiez les citations en entier, ne donnez pas uniquement le début et la fin d'une phrase. Ne citez pas de longs passages, mais seulement la partie de la phrase qui correspond strictement à l'assertion.
4. Indiquez entre parenthèses les lignes correspondantes dans le texte. (*Zeile* 16 ou *Zeilen* 16-18 ou encore Z. 16-18.)
5. Le cas échéant, modifiez la structure de la phrase : on peut transformer une subordonnée en phrase autonome, ajouter un sujet, supprimer des compléments facultatifs.

2 Le choix d'un titre

Il arrive très fréquemment que le texte que vous avez à étudier n'ait pas de titre. On se contente d'indiquer à la suite du texte le nom de l'auteur, assorti éventuellement du nom de l'ouvrage d'où l'extrait est tiré.

• Pour le sujet de LV1, série **ES/S,** de la session 1995, *» In zwei mir fremden Kulturen...* «, nous n'avons que le nom de l'auteur, Utta Wickert. Un des exercices de compréhension consistera à donner un titre à l'extrait choisi. À vous donc de trouver l'idée générale du texte.

• Beaucoup plus souvent, il s'agit de chercher un titre parmi plusieurs propositions.

Les **questionnaires à choix multiples** sont de trois types ; à vous de cocher soit :

a) – une seule bonne réponse ;

b) – plusieurs bonnes réponses ;
c) – la mauvaise réponse.

a) QCM à une seule bonne réponse

• Dans l'exemple suivant, il faut trouver **un seul titre** parmi quelques propositions :

Choisissez le titre qui convient le mieux au texte :

– *Wanderlust* – *Abenteuerlust* – *Auswanderung.*

• Même exercice, mais plus précis encore :

Choisissez le titre qui convient le mieux **à l'évolution constatée dans le texte :**

– *Ein unvergeßlicher Tag*
– *Langweilige Ferien in Spanien*
– *Der große Schrecken der Eltern auf dem Rückweg*
– *Andere Länder, andere Sitten*
– *Ein Beweis, daß Vorurteile oft unbegründet sind.*

• Dans l'exercice suivant, il s'agit de donner un titre à chaque paragraphe.

Soulignez le titre qui convient le mieux :

1er § : – *Ein Mädchen aus der Großstadt*
– *Eine glückliche Jugend in Wien*
– *Ein entschlossenes Mädchen*

2e § : – *Ein Traumberuf*
– *Ein unerreichbares Ziel*
– *Der Wunsch der Eltern*

b) QCM à plusieurs bonnes réponses

• Cochez les titres qui vous semblent convenir pour ce texte :

☒ *Ruf nach mehr Autorität*
☐ *Ein Filmabend*
☒ *Ein verständnisvoller Lehrer*
☒ *Besorgte Eltern*
☐ *Ein verständnisvoller Vater*
☒ *Ein Lehrer wird denunziert*

Le pluriel dans l'énoncé vous invite à mentionner toutes les réponses possibles, ici quatre au total.

• Dans cet autre exemple, vous devez choisir un nombre précis de titres dans une liste assez longue :

Choisissez parmi ces titres **les trois** qui rendent le mieux compte **de l'ensemble** du texte :

– *Ein Sensationsartikel*
– *Eine entsetzliche Szene*
– *Karriere und Moral*
– (...)
Onze titres sont à éliminer sur les quatorze titres proposés.

c) QCM avec une seule mauvaise réponse

Dans une liste de titres, vous devez éliminer celui qui ne vous paraît pas possible.
Lequel de ces titres ne convient pas au sens du texte ?
– *Ein Schulaufsatz*
– *Die Schule in der BRD*
– *Zukunftspläne*
– *Lernen ist notwendig.*
Soyez vigilant dans le choix du titre quand vous devez n'en prendre qu'un. Certaines propositions ne sont pas erronées, mais ne s'appliquent qu'à un aspect du texte. Considérez toujours le texte dans sa globalité, sauf si on vous demande expressément le contraire (cf. l'exemple ci-dessus).

3 Le résumé

La compréhension d'un texte peut se vérifier également au moyen d'un résumé. Ce genre d'exercice s'adresse plus aux candidats de LV2 et de LV3 que de LV1.
Il y a bien entendu plusieurs approches possibles.

▶ 1. Résumé en allemand

Il faut faire un résumé du texte en allemand avec un minimum ou un maximum de mots indiqués. Cet exercice se rencontre très rarement.

▶ 2. Résumé en français

• La tendance actuelle est de demander un résumé du texte en français pour n'évaluer que la compréhension et non pas l'expression écrite – comme on serait tenté de le faire en corrigeant un résumé en allemand.

Ex. : Faites un bref récit en français de la catastrophe qui s'est déroulée il y a trente ans et de ses conséquences sur la vie du journaliste, héros de cette anecdote. Tenez-vous-en strictement aux faits (environ 80 mots).

• On peut demander un résumé en français en donnant des consignes bien précises.

Ex. : Faites un résumé du texte en français en une dizaine de courtes phrases (70 mots au maximum). Dans ce résumé devront être évoqués :
– les temps et les lieux d'action ;
– les divers personnages et groupes de personnes ;
– leurs actions.

▶ 3. Résumé à erreurs

• Soulignez dans un résumé tout fait des phrases ou parties de phrases erronées :
– « Dans le texte suivant, soulignez les éléments qui vous paraissent inexacts. (...). »
– « Soulignez les affirmations erronées. »
– « Barrez ce qui vous paraît erroné dans ce texte. »
• Le nombre d'erreurs à trouver est indiqué :
« Soulignez les six erreurs contenues dans le résumé suivant. »

▶ 4. Remise en ordre

Les candidats doivent remettre des phrases dans l'ordre pour en faire un résumé cohérent.
– Mettez les phrases suivantes dans l'ordre afin d'obtenir un résumé du texte :
1. *Der Vater bietet ihm ein Bier an.*
2. *Später erfahren wir, daβ der Nachbar Unterschriften sammelt.*
3. *Seit zwei Wochen wohnt Familie Berger in einem neuen Viertel* (...)
(11 phrases).

◆◆◆ APPLICATION ◆◆◆

1 Questionnaire vrai ou faux

Lisez soigneusement le texte ci-dessous.

Der Autor erzählt von seiner Jugendzeit in Salzburg in den letzten Jahren des Krieges.

An diesem Tage hatten wir auf einmal ein Grollen[1] gehört, eine auβergewöhnliche Erderschütterung wahrgenommen, auf die eine vollkommene Stille im Stollen[2] gefolgt war. Die Menschen schauten sich an, sie sagten nichts, aber sie gaben durch ihr Schweigen zu verstehen, daβ das, was sie schon monatelang befürchtet hatten, jetzt eingetreten war, und tatsächlich hatte sich bald nach dieser Erderschütterung rasch herumgesprochen, daβ auf die Stadt Bomben gefallen waren. Danach drängten die Menschen aus den Stollen hinaus, sie wollten mit eigenen Augen sehen, was geschehen war. Als wir im Freien waren, hatten wir aber nichts anderes gesehen als sonst. (...) Der Himmel war klar, graublau, und wir hörten und sahen keinerlei Beweis für einen Bombenangriff. Plötzlich hieβ es aber doch, die Altstadt, also der Stadtteil auf dem gegenüberliegenden Salzachufer, sei zerstört, alles sei dort zerstört. Wir hatten uns einen Bombenangriff anders vorgestellt und wir liefen durch die Linzergasse hinunter. Jetzt hörten wir alle möglichen Signale als Notsignale von Feuerwehren und Rettungswagen, und als wir hinter dem Gablerbräu über die Bergstraβe auf den Makartplatz gelaufen waren, hatten wir plötzlich die ersten Anzeichen der Zerstörung gesehen : die Straβen waren voll Glas- und Mauerschutt[3], und in der Luft war der eigentümliche Geruch des totalen Krieges. Ein Volltreffer hatte das sogenannte Mozartwohnhaus zu einem rauchenden Schutthaufen[3] gemacht. (...) So fürchterlich dieser Anblick war, die Menschen waren hier nicht stehen geblieben, sondern in Erwartung einer noch viel gröβeren Verwüstung[4] weitergelaufen, in die Altstadt, wo man das Zentrum der Zerstörung vermutete. Den Dom hatte eine sogenannte Luftmine getroffen.

Dann gingen wir, wo alle andern hingingen, in die Kaigasse hinüber, die von Bomben beinahe zur Gänze zerstört war. Lange Zeit standen wir, zur Untätigkeit verurteilt, vor den riesigen qualmenden Schutthaufen, unter welchen, wie es hieβ, viele Menschen, wahrscheinlich schon als Tote, begraben waren.

Thomas Bernhard, *Die Ursache*,

1. *das Grollen :* le grondement
2. *der Stollen :* l'abri
3. *der Schutt :* les gravats – *der Schutthaufen :* le tas de ruines
4. *die Verwüstung :* la destruction

Vergleichen Sie die Aussage des Textes mit folgenden Behauptungen : Wird das im Text gesagt oder nicht ? Geben sie auch die Textstelle an, auf die sich die Behauptung bezieht.

1. Die Stadt ist bei Tage bombardiert worden.
2. Stundenlang fielen die Bomben auf die unglückliche Stadt.
3. Die Stadt wurde nahezu völlig zerstört.
4. Nach dem Angriff warteten die Leute vor den Stolleneingängen.

5. Die Zivilbevölkerung strömte in Angst und Schrecken aus der Stadt.
6. Die Menge drängte sich in die Stadtmitte, um ihre Schaulust zu befriedigen.
7. Das Mozartwohnhaus erlitt geringere Schäden.

2 Le choix d'un titre

Quel titre convient le mieux à l'ensemble du texte ?

a) Die Flucht der Zivilbevölkerung vor dem Luftangriff.
b) Kriegsverbrecher in Salzburg.
c) Der alliierte Luftangriff auf Salzburg.
d) Der Einmarsch der Amerikaner in Salzburg.
e) Zerstörung nach einem deutschen Bombenangriff.

3 Le résumé

1. Résumez le texte en français en ne tenant compte que des faits les plus importants (environ 70 mots).
2. Reconstituez le résumé du texte en rétablissant l'ordre de succession des phrases (7 phrases).

a) Und die Zivilbevölkerung auch. Sie strömte in die Stadtmitte, um die Schäden zu sehen.
b) Erst in diesem Augenblick nahm der Erzähler das wirkliche Ausmaβ der Katastrophe wahr.
c) Der Dom und das Mozarthaus waren nahezu völlig zerstört.
d) Eines Tages wurde die Stadt Salzburg von den Amerikanern bombardiert.
e) Sie hatten verstanden, daβ unter den riesigen Schutthaufen Menschen begraben waren.
f) Der Erzähler erlebte dieses Ereignis zunächst als Sensation.
g) Auf einer verwüsteten Straβe der inneren Altstadt schauten die Menschen die Trümmerhaufen hilflos an.

1	2	3	4	5	6	7

Corrigé

1 Questionnaire vrai-faux

1. JA. » Es hatte sich rasch herumgesprochen, daβ auf die Stadt Bomben gefallen waren. « » Der Himmel war klar, graublau. «

2. NEIN. » An diesem Tage hatten wir zu der Zeit, in welcher sonst immer die sogenannte Entwarnung war, auf einmal ein Grollen gehört, eine auβergewöhnliche Erderschütterung wahrgenommen, auf die eine vollkommene Stille im Stollen gefolgt war. «
3. NEIN. » Plötzlich hieβ es aber doch, die Altstadt sei zerstört, alles sei dort zerstört. «
4. NEIN. » Wir liefen durch die Linzergasse hinunter. «
5. NEIN. » So fürchterlich dieser Anblick war, die Menschen waren hier nicht stehen geblieben, sondern in Erwartung einer noch viel gröβeren Verwüstung weitergelaufen, in die Altstadt, wo man das Zentrum der Zerstörung vermutete. «
6. JA. » als wir hinter dem Gablerbräu über die Bergstraβe auf den Makartplatz gelaufen waren, hatten wir plötzlich die ersten Anzeichen der Zerstörung gesehen «.
7. NEIN. » Ein Volltreffer hatte das sogenannte Mozartwohnhaus zu einem rauchenden Schutthaufen gemacht. «

2 Choix d'un titre

Le troisième titre : *Der alliierte Luftangriff auf Salzburg* est le seul qui convienne à l'ensemble du texte. Il fournit trois indications essentielles sur le texte : le lieu, *Salzburg/Österreich ;* l'événement, *der Luftangriff* et l'agent, *durch die Alliierten* (cf. texte : *dieser erste Bombenangriff amerikanischer Flugzeuge*).

3 Résumé

1. Un jour, pendant la Seconde Guerre mondiale, les habitants de Salzbourg s'étaient réfugiés comme d'habitude dans des abris souterrains pendant une alerte. Mais cette fois-ci, la ville fut bombardée par les Américains. Dès qu'ils le purent, les habitants se précipitèrent vers le centre de la ville. Plus ils approchaient du centre, plus les destructions étaient importantes, plus il y avait de victimes.

2.

1	2	3	4	5	6	7
d	f	a	c	g	e	b

MÉTHODE

L'IMPLICITE DU TEXTE

Savoir appréhender l'implicite d'un texte, c'est percer à jour les rapports entre les événements et entre les personnages, analyser les motivations de leurs actes, leurs sentiments ou opinions, c'est également comprendre la perspective, le message de l'auteur.

1 La caractérisation des personnages

Parmi les exercices le plus souvent proposés au bac dans la partie compréhension du texte – après le *richtig oder falsch* – on trouve les exercices portant sur les attributs moraux et psychologiques des personnages, sur les particularités de chacun (qualités et défauts).

▶ 1. Les listes de qualités

a) Choisir dans une liste de qualificatifs

Un premier type d'exercice consiste à choisir dans une liste de qualificatifs – en allemand ou en français du reste –, ceux qui permettent de caractériser les protagonistes de l'histoire.
Quels qualificatifs de la liste ci-dessous conviendraient pour caractériser les protagonistes de cette histoire ? Attention : certains qualificatifs seront utilisés deux fois, d'autres pas du tout.
faible – moqueur/moqueuse – en rage – insouciant(e) – satisfait(e) (de lui-même/d'elle-même) – désemparé(e), etc.
– la jeune fille est : ......
– l'homme est (aux yeux de la jeune fille) : ......
– la mère est : ......

b) Caractériser la situation des protagonistes

Choisissez parmi les termes suivants ceux qui correspondent à la situation matérielle et morale de cette famille :
Elend – Sorglosigkeit – Freude – Haß – Neid – Traurigkeit – Zorn – Not – Zufriedenheit.

c) Diverses variantes de présentation

• Parmi plusieurs adjectifs proposés, il faut cocher ceux qui caractérisent un personnage (en allemand ou en français).
Cochez les adjectifs qui pourraient servir à caractériser les parents :
– verständnisvoll – streng – herzlos – besorgt – autoritär – stolz – taktvoll – gleichgültig – borniert – egoistisch.

• Le même exercice se trouve également sous forme négative : il s'agit de barrer dans une liste un certain nombre de qualificatifs qui ne s'appliquent pas à un personnage.
Barrez, dans la liste ci-dessous, les trois qualificatifs **qui ne s'appliquent pas** à la jeune fille.
– impolie – inorganisée – pensive – passionnée d'écriture, etc.

▶ 2. Illustrer ou attribuer un sentiment ou une idée

a) Choisir un certain nombre de qualités

Le candidat devra choisir un certain nombre de qualités dans une liste proposée et justifier ensuite son choix par une citation du texte.
Soulignez dans la liste suivante les adjectifs qui caractérisent le mieux Sure et justifiez votre choix en citant un élément du texte :
– entreprenante – prévoyante – sûre d'elle.
Autre exemple :
Voici une liste de qualités. Lesquelles s'appliquent à Karl ? Citez chaque fois un passage du texte à l'appui de votre choix.
modeste – ambitieux – obstiné – sûr de lui – docile – désintéressé – affectueux.

b) Mettre en relation des sentiments et des personnages du texte

Cet exercice est proposé sous forme de tableau à plusieurs entrées comprenant quelques adjectifs de qualité en français.
À quels personnages du texte attribuez-vous les adjectifs suivants ? Cochez la case qui convient, la lettre N désignant la narratrice, les lettres TA la tante allemande et TI la tante italienne (il y a un adjectif en surnombre, certains peuvent convenir pour plusieurs personnages).

	N	TA	TI
sensible			
dure			
ouverte			

c) Rechercher des indices textuels
Au candidat de trouver lui-même l'élément dans le texte qui montre un point précis : il n'y a pas dans ce cas de liste proposée.
– Citez un élément qui montre que Bettina est peu studieuse.
– Citez un élément qui souligne que Nadia a de l'à-propos et qu'elle sait tourner sa déception à son avantage.

d) La psychologie des personnages
Il faut citer un nombre précis d'éléments pour caractériser soit l'apparence physique d'un personnage, soit des traits de son caractère.
– Citez :
– trois éléments concernant l'apparence physique de Lajosch ;
– deux éléments indiquant deux traits de son caractère ;
– une phrase qui indique sa conception de la vie.
(Sujet LV1 1995, série **ES/S,** texte d'après Utta Wickert.)

e) Questionnaire vrai ou faux
Répondez par oui ou par non (cochez la case correspondante). Justifiez chaque réponse, selon le cas, par une ou deux citations du texte.

	oui	non
• Avez-vous l'impression que Beate :		
– a des ambitions modestes ?	❑	❑
– aime passer inaperçue ?	❑	❑
• Pensez-vous que Niklas :		
– est par moment agacé par l'attitude de Beate ?	❑	❑
– souffre d'un complexe d'infériorité vis-à-vis de Beate ?	❑	❑

(Sujet LV1 1995, *Beate Effling* d'après Joseph Reding.)

f) Retrouver l'évolution du texte
Parfois, il s'agit de retrouver l'évolution du texte et de remettre dans l'ordre chronologique les sentiments d'un personnage.
– Le personnage principal, Judith, passe par des états d'esprit et éprouve des sentiments divers et successifs. Classez dans l'ordre chronologique les propositions ci-dessous de 1 à 8 et justifiez chaque fois votre choix en citant un mot, une phrase ou un membre de phrase tirés du texte.
a) elle se trouve stupide ;
b) elle fait une nouvelle tentative ;
c) elle essaie de convaincre ;
d) elle est de bonne humeur (...)

Classez les affirmations en indiquant la lettre.
Ex. : 1 : lettre (a ou b ou ...) + citation. (Sujet LV1 1995, série **L,** » *Frühstück zu viert* «, d'après Anne-Marie Schönle.)

② L'extrait de roman

La partie « compréhension » de l'épreuve du bac peut comporter des exercices qui ont trait à l'énonciation ou à la stylistique.

▶ 1. Les modalités de l'énonciation

a) Les types de phrases

Dans les « Annales 0 » *(Le Bac 1995. Les nouvelles épreuves)* distribuées en 1994-1995 aux élèves de Terminale par le ministère de l'Éducation nationale, on trouve les consignes suivantes :

• Relisez attentivement les cinq premières phrases (lignes 1 à 3), puis les huit dernières (lignes 30 à 38) du texte 1.

Er war mein Sohn, mein einziger. Ich begreife es nicht. Bin ich denn schuld ? War ich zu streng ? Ich mußte streng sein. (...) Ob ich es wahr gemacht hätte, weiß ich nicht. Ihn jedenfalls hat es erschreckt, ich gebe es zu. Aber durfte ich ihn nicht einschüchtern ? Wie hätte er sonst ein tüchtiger Mensch werden können und das Leben bestehen ? Bin ich deswegen schuld an deinem Tod, Eduard ? Ich kann es nicht glauben. Ein paar schlechter Noten wegen springt man nicht von der Brücke. Dafür wirft man doch sein Leben nicht weg, Eduard, mein Junge !

• Quels types de phrases y trouvez-vous en alternance ? Qu'exprime le texte au moyen de cette alternance ?

On relève dans l'extrait cité la succession des **quatre types de phrases : affirmative, négative, interrogative et exclamative.** Cette alternance donne au texte un rythme rapide et saccadé et traduit la souffrance et le désarroi du narrateur face à la mort de son jeune fils dont il se sent responsable.

b) Les déictiques

D'autres indicateurs importants de l'énonciation sont les déictiques, c'est-à-dire les pronoms (pronoms personnels et possessifs), les références spatiales et temporelles (adverbes ou compléments circonstanciels) qui situent le texte. La tâche pourra par exemple consister à interpréter les pronoms contenus dans le texte : qui est le *ich,* l'auteur, le narrateur ou un personnage ? Qui est le *du,* un autre per-

sonnage, présent ou invoqué, ou bien le lecteur ? Qui sont les personnages désignés par la troisième personne *er, sie* ?
Il peut y avoir dans un récit des passages dialogués au discours direct : dans ce cas, les différents personnages interviennent successivement en tant que « je ». En revanche, dans le style indirect et le style indirect libre, leurs propos sont relatés à la troisième personne.
En ce qui concerne le narrateur : il peut être soit extérieur à l'histoire et orchestrer le récit (narrateur omniscient), soit intégré subjectivement dans le récit (*ich :* narrateur-spectateur), soit présent en tant que personnage participant à l'action (*ich :* narrateur-personnage).
Ex. : La suite du sujet cité précédemment est ainsi libellée :
Tous les énoncés n'ont pas le même destinataire ; inscrivez dans un tableau ceux qui sont destinés aux personnes indiquées.

Le lecteur	Le père lui-même	Le fils

L'extrait cité est un monologue intérieur, dans lequel le narrateur-personnage *ich* s'adresse tour à tour au lecteur, à lui-même et à son fils décédé : le changement de destinataire apparaît dans le passage du *er* au *du* lorsque le père évoque son fils ; la deuxième personne est marquée ici par le possessif *an deinem Tod* et l'apostrophe *Eduard.*
Dans les récits autobiographiques, le *ich* désigne à la fois l'auteur, le narrateur et un personnage. C'est le cas par exemple du roman de Thomas Bernhard cité plus haut, *Die Ursache. Erinnerungsbuch,* dans lequel l'auteur raconte sa jeunesse à Salzbourg et le bombardement de la ville par les Américains.

▶ 2. L'intervention du narrateur

• Il est fréquent dans les textes de fiction que le narrateur intervienne pour porter un jugement, prendre position par rapport aux personnages ou aux événements relatés.
Il peut le faire en interpellant directement le lecteur comme le fait par exemple Tucholsky dans le poème *An das Publikum,* où l'auteur veut démontrer que le public n'est pas aussi stupide que ne le croient certains éditeurs et producteurs de films : *Sag mal, verehrtes Publikum : Bist du wirklich so dumm ?* (*Gesammelte Werke,* Bd. 3, Rowohlt Verlag). Il s'agit ici d'un texte engagé où l'auteur veut faire passer un message.
• Le narrateur intervient aussi pour actualiser le récit. On repère faci-

lement ces passages grâce aux variations temporelles, le passage du présent de narration au temps du récit (le prétérit) – ou inversement. Voici, à titre d'exemple, l'incipit (le début) de la nouvelle de Theodor Storm, *Der Schimmelreiter* : *Was ich zu berichten* ***beabsichtige,*** *ist mir vor reichlich einem halben Jahrhundert im Hause meiner Urgroßmutter, der alten Frau Senator Feddersen, kund geworden, während ich, an ihrem Lehnstuhl sitzend, mich mit dem Lesen eines in blaue Pappe eingebundenen Zeitschriftenheftes beschäftigte ; ich* ***vermag*** *mich nicht mehr zu entsinnen, ob von den Leipziger oder von Pappes Hamburger Lesefrüchten. (...) Es war im dritten Jahrzehnt unseres Jahrhunderts, an einem Oktobernachmittag – so begann der damalige Erzähler –, als ich bei starkem Unwetter auf einem nordfriesischen Deich entlangritt.*

• Plus discrètement, le narrateur intervient dans le récit distancé pour faire une rétrospection, annoncer des événements à venir ou pour porter un jugement de valeur. On s'en aperçoit notamment lorsqu'il utilise des modalisateurs (adverbes ou verbes de modalisation), des adjectifs appréciatifs, voire des incises, des guillemets ou des allusions à d'autres textes. L'anticipation dans le récit s'exprime à l'aide notamment des formes *würde (wohl)* et *sollte*.

Ex. : (rétrospection) : *Jemand mußte Josef K. verleumdet haben, denn ohne daß er etwas Böses getan hätte, wurde er eines Morgens verhaftet.* (Franz Kafka, *Der Prozeß*.)

◆◆◆ APPLICATION ◆◆◆

1 La psychologie des personnages

Lisez attentivement le texte suivant.

Frau Gohl war eine sehr sanfte Frau, an der die Jahre spurlos vorbeizugehen schienen. Als ich sie zum letztenmal sah, mußte sie weit über vierzig sein, und dennoch war mir, als sei sie überhaupt nicht gealtert.

Im Mai 1943 wurde ihre Tochter abgeholt. Die Gohls hatten ihr schwachsinniges[1] Kind lange dem Zugriff des Staates entziehen können, der diese kranken Menschen in besondere Heime einweisen ließ, um nicht, wie es offiziell hieß, durch sie das Leben des gesunden Volkes zu gefährden. Die Gohls hatten ihre Tochter einige Jahre im

Haus verbergen können. (...) Im Mai wurde sie abgeholt, und im September kam die Todesnachricht und eine Urne mit ihrer Asche[2]. Es hieß, sie sei an einer Lungenentzündung gestorben, das war jedenfalls die amtliche Todesursache. Herr Gohl ließ die Urne auf dem Waldfriedhof beisetzen und einen kleinen weißen Stein aufstellen.

Seitdem man ihre Tochter gewaltsam aus dem Haus geholt hatte, verließen die Gohls kaum noch ihre Wohnung. Manchmal sah man Herrn Gohl seine Besorgungen erledigen. Oder er ging mit einem großen Paket seinen eingewickelten Bildern, zum Kurhaus, wo er die Gemälck im Foyer ausstellte und dann den ganzen Tag geduldig neben ihnen saß, sie betrachten ließ und auf Käufer wartete. Manchmal sprachen ihn Leute aus der Stadt an, aber er antwortete ihnen nie. Er sah sie nur wortlos an, und seine Augen waren voll Tränen.

Zum Ende des Jahres, ein paar Monate nach der Beisetzung der Urne, tauchte das entsetzliche Gerücht[3] zum erstenmal in der Stadt auf.

Im folgenden Frühjahr bestätigte sich die Wahrheit des fürchterlichen Gerüchts. Spaziergänger hatten Gohls schwachsinnige Tochter, die inzwischen zu einem erwachsenen Mädchen herangewachsen war, im Garten spielen sehen. Offenbar hatte sich vor Jahresfrist statt ihr die Mutter abholen lassen. Frau Gohl mußte es gelungen sein, die Behörden zu betrügen und sich unter dem Namen der Tochter in eine jener Anstalten bringen zu lassen, in die der Staat alle jene Menschen einwies, über die er sein tödliches Urteil gefällt hatte : unwertes Leben.

Gohls Tochter Marlene lebte. In der Urne auf dem Waldfriedhof befand sich die Asche von Gudrun Gohl, der Mutter der Schwachsinnigen.

Christoph Hein, *Horns Ende,* Aufbau-Verlag, Berlin und Weimar 1985.

1. *schwachsinnig :* débile
2. *die Asche :* les cendres
3. *das Gerücht :* la rumeur

1. Quels qualificatifs dans la liste ci-dessous conviendraient pour caractériser les protagonistes de cette histoire ?

handicapé – moqueur – doux – solitaire – discret – arrogant – simple d'esprit – désespéré – mesquin – malade – admirable – agile – dévoué – patient – orgueilleux – altruiste.

Madame Gohl est : …

Monsieur Gohl est : …
La fille est : …

2. Cherchez dans le texte :

– deux éléments qui montrent que Madame Gohl faisait plus jeune que son âge ;

– trois éléments qui montrent que Monsieur Gohl est très affecté et refuse tout contact ;

– deux éléments qui prouvent que les Gohl aimaient leur fille par-dessus tout.

2 L'analyse stylistique

1. Dans le texte ci-dessus, relevez les moyens stylistiques (mots, membres de phrases, procédés grammaticaux) qui indiquent que le narrateur ne se contente pas de relater de manière neutre les exactions dont sont victimes les Gohl, mais qu'il prend ses distances et condamne le régime nazi.

2. Relisez attentivement les deux derniers paragraphes du texte de Thomas Bernhard (p. 61-62) ainsi que le passage suivant.

Auf dem Weg in die Gstättengasse war ich auf dem Gehsteig, vor der Bürgerspitalskirche, auf einen weichen Gegenstand getreten, und ich glaubte, es handle sich, wie ich auf den Gegenstand schaute, um eine Puppenhand, auch meine Mitschüler hatten geglaubt, es handelte sich um eine Puppenhand, aber es war eine einem Kind abgerissene Kinderhand. Erst bei dem Anblick der Kinderhand war dieser erste Bombenangriff amerikanischer Flugzeuge auf meine Heimatstadt urplötzlich aus einer den Knaben, der ich war, in einen Fierberzustand versetzenden *Sensation* zu einem *grauenhaften Eingriff der Gewalt* und zur Katastrophe geworden.

Thomas Bernhard, *Die Ursache*,
Salzburg. Residenz Verlag, 1975 (id., Berlin : C.A. Koch's Verlag).

a) Relevez les passages qui dénotent la position de l'auteur face au bombardement de Salzbourg par les alliés ;

b) Quelle est donc à votre avis la position de l'auteur face à la guerre, face à toutes ses violences ?

c) Relevez la phrase dans laquelle le narrateur adulte prend ses distances par rapport à l'enfant qu'il était.

d) Analysez la tonalité du texte dans les deux derniers paragraphes du texte de Thomas Bernhard : » Dann gingen wir in die Gstättengasse ... zur Katastrophe geworden. «

Corrigé

1 La psychologie des personnages

1. Madame Gohl est : douce, désespérée, altruiste, admirable, dévouée ;
Monsieur Gohl est : solitaire, désespéré, discret, patient ;
La fille est : handicapée, simple d'esprit, malade.

2. *» An der die Jahre spurlos vorbeizugehen schienen « ; » als sei sie überhaupt nicht gealtert «.*
– » er antwortete ihnen nie « ; » wortlos « ; » voll Tränen «.
– » die Gohls hatten ihre Tochter einige Jahre im Haus verbergen können « ; » Frau Gohl mußte es gelungen sein, die Behörden zu betrügen «.

2 L'analyse stylistique

1. – termes négatifs : *der Zugriff des Staates, sein tödliches Urteil ;*
– verbes de modalité : *die Gohls hatten das Kind entziehen können, verbergen können ;*
– adverbe modalisateur : *» jedenfalls « ;*
– prise de distance : *wie es offiziell hieß ; es hieß, sie sei... ;*
– citations du langage bureaucratique des nazis : *das gesunde Volk, ein schriftlicher Hinweis aus der Bevölkerung, unwertes Leben ;*
– adjectifs appréciatifs : *das entsetzliche/fürchterliche Gerücht.*

2. a) *lange Zeit standen wir, zur Untätigkeit verurteilt :* stupeur et désarroi ;
– *» unter welchen, wie es hieß, viele Menschen, wahrscheinlich schon als Tote, begraben waren « :* atrocités de la guerre ;
– *» eine von einem Kind abgerissene Hand « :* horreur et injustice de la guerre qui frappe des innocents ;
– *» grauenhafter Eingriff der Gewalt « ; » Katastrophe « :* l'horreur dans toute sa splendeur et impuissance des individus devant des forces extérieures.
b) Dans ce texte, Bernhard prend implicitement position contre la guerre, il est antimilitariste car il a connu enfant les désastres qu'entraînaient de telles violences.
c) C'est dans la dernière phrase de l'extrait qu'apparaît un décalage entre le temps de la narration (par le narrateur adulte) et le temps de l'histoire (le narrateur enfant). L'intervention du narrateur dans le récit distancé est renforcée par la mise en italique des mots de commentaire.

d) Avant-dernier paragraphe : Le texte est d'abord descriptif, c'est la description de l'itinéraire emprunté par le narrateur et de la rue bombardée. Puis, tout d'un coup, les sentiments font leur apparition, d'abord la stupeur des *habitants » zur Untätigkeit verurteilt «,* puis l'anéantissement moral. Les morts ensevelis sous les décombres *» wahrscheinlich schon als Tote «* annoncent un élément dramatique.
Dernier paragraphe : Nous trouvons la même tonalité dans ce dernier paragraphe, le ton tragique prend le dessus lorsque l'on découvre que la main qui surgit des gravats n'est autre qu'une main arrachée au corps d'un enfant. L'horreur atteint ici son comble, il s'agit d'une véritable catastrophe *» zur Katastrophe geworden «*.

EXERCICE

Exercice 4

Die Szene spielt kurz nach dem Ende des 1. Weltkriegs. Der Erzähler und seine Freunde sind gerade in die Heimat zurückgekommen.
Zu Beginn des Krieges waren sie noch Schüler gewesen. Ohne die Schule beenden zu können, waren sie Soldaten geworden.
Jetzt sind sie wieder zu Hause und fragen sich, was sie anfangen sollen.

In Karl Brogers Bude[1] sieht es bunt aus. Alle Bücherregale sind ausgeräumt. Ganze Stöβe[2] von Bänden liegen auf den Tischen und auf dem Fuβboden umher.

Karl war früher ein Büchernarr[3]. Er sammelte Bücher wie wir Schmetterlinge[4] und Briefmarken. Eine besondere Vorliebe hatte er für Eichendorff[5]. Davon hat er drei verschiedene Ausgaben. Er konnte auch viele seiner Gedichte auswendig. Aber jetzt will er die Bibliothek verkaufen, um Anfangskapital für einen eigenen Schnapshandel[6] zu bekommen. Er behauptet, daβ mit solchen Sachen viel Geld zu verdienen sei.

Ich blättere im ersten Band einer Eichendorffausgabe, die in ganz weiches, blaues Leder gebunden[7] ist. Abendrot, Wälder und Träume – Sommernächte, Sehnsucht und Heimweh – welch eine Zeit war das !

Willy hat den zweiten Band in der Hand. Nachdenklich betrachtet er ihn. » Du müβtest sie einem Schuhmacher anbieten «, schlägt er vor.

» Wieso ? « fragt Ludwig lächelnd.

» Das Leder «, antwortet Willy, » die Schumacher haben doch überhaupt kein Leder mehr. (...)

» Erst mal leben, das ist besser als lesen « [sagt Karl]. » Auf mein Examen pfeife ich auch[8]. Das ist alles Quatsch! Morgen geht's los mit den Schnapsproben. Zehn Mark Verdienst an einer Flasche geschmuggeltem[9] Kognak, das zieht hin[10], mein Lieber ! Geld ist das einzige, was du brauchst, dann kannst du alles haben. «

Er bündelt[11] die Bücher zusammen. Mir fällt ein, daβ er früher nicht gegessen hätte, statt eines zu verkaufen. » Was macht ihr für verblüffte Gesichter «, spottet er, » praktisch muβ man sein ! Den alten Ballast[12] über Bord und ein neues Leben anfangen «.

Erich Maria Remarque, *Der Weg zurück.*

1. *die Bude (fam.) : das Zimmer*
2. *der Stoß :* la pile
3. *der Büchernarr : jem. der leidenschaftlich Bücher liebt*
4. *der Schmetterling :* le papillon
5. *Joseph von Eichendorff : romantischer Dichter (1788-1857)*
6. *der Schnaps :* l'eau-de-vie
7. *gebunden <– binden :* relier
8. *ich pfeife auf ... : das ist mir egal*
9. *schmuggeln :* faire de la contrebande
10. *Das zieht hin ! : 1. das tut weh ! 2. das hat eine große Wirkung !*
11. *bündeln :* ficeler
12. *der Ballast :* lest

1. Die Situation
– Wer sind die beteiligten Personen ?
– Wo sind sie ?
– Was machen sie ?

2. Die Einstellung Karls und seiner Freunde zu den Büchern : Trage alle Hinweise, die du im Text findest, zusammen und ordne sie :

vor dem Krieg/früher, als sie noch Schüler waren	nach dem Krieg/jetzt

3. Ordne die folgenden Stichworte, je nachdem sie zu der Mentalität der jungen Leute vor oder nach dem Krieg passen :
Gedichte – Examen – Geld – Sehnsucht – Leben – Handel – lesen – Kognak – Verdienst – Bildung – geschmuggelt – Träume

vor dem Krieg	nach dem Krieg

Corrigé p. 239

Deuxième partie

Savoir-faire

CHAPITRE 4 EXPRESSION

Remarques générales

L'expression personnelle sera la partie décisive de votre devoir de bac, car c'est souvent dans cette épreuve que se creuse l'écart entre les bons élèves et les moins bons. Il s'agit dans cette partie d'évaluer vos compétences dans le domaine de l'expression écrite : richesse lexicale, correction de la langue, connaissance des structures grammaticales fondamentales, richesse et originalité des idées, capacité de réflexion et d'argumentation.

Cette épreuve se décompose en deux parties : un exercice d'expression dirigée (ou semi-guidée) et un exercice d'expression libre qui propose la plupart du temps deux sujets au choix. L'expression dirigée se fonde davantage sur le texte et compte moins dans le barème général que l'expression personnelle libre où il faut développer des idées générales en faisant référence à ses propres expériences.

MÉTHODE

EXPRESSION SEMI-GUIDÉE

L'expression semi-guidée a souvent un cadre plus rigide que l'expression libre. Un type précis d'exercice est proposé au candidat (rédiger un dialogue, rédiger une lettre, imaginer une suite à un récit, faire un résumé...). De surcroît, on impose au candidat un certain nombre de mots, une certaine longueur et également des expressions allemandes à utiliser, à insérer si possible dans sa propre production. En contrepartie, le candidat ne part pas dans le vide, il peut et doit prendre appui sur le texte de départ pour y puiser des idées.

1 Rédiger un dialogue

Le dialogue est en général un exercice que les candidats maîtrisent assez bien, car ils s'y entraînent dès le premier cycle et le style direct présente moins de difficultés que le récit et le style indirect. Les exercices de dialogue sont proposés sous une forme plus ou moins guidée. Les exemples suivants montrent plusieurs possibilités et vous aideront à mieux cerner l'épreuve qui vous attend.

▶ 1. Dialogue non guidé

L'intitulé peut être en allemand ou en français :

Ex. : Sujet de LV2, série **L,** 1995, d'après Michael Ende : *Ein Kunde protestiert bei Herrn Fusi, weil dieser nur noch eine Viertelstunde Zeit für ihn hat. Schreiben Sie den Dialog !*

Certains dialogues doivent répondre à un impératif de longueur. On impose au candidat :

– un certain nombre de répliques :

Ex. : Sujet de LV1 de 1994, d'après Lea Fleischmann : « Imaginez un dialogue entre les deux sœurs qui comportera au moins six répliques. »

– ou un nombre de mots :

Ex. : Sujet de LV1, série **E-ES,** 1995, d'après Utta Wickert : « La narratrice et son mari parlent, après leur mariage, de leurs tantes respectives. Imaginez le dialogue (150 mots environ). »

▶ 2. Dialogue très guidé

a) Au niveau des idées

Ex. : Sujet de LV2 ou de LV3 de 1994, *Der Unbekannte,* d'après Rainer Klis : « Frau Hardenstein parle à une collègue de travail de son étrange interlocuteur. Vous imaginerez ce dialogue en invoquant tour à tour : la peur, la curiosité, l'émotion, les confidences, la perplexité (120 mots environ). »

b) Au niveau des expressions, des mots à employer

Ex. : Sujet de LV1, 1994, *Der Freund,* d'après Renate Welsh :

« Rentrée à la maison, Nadja raconte à sa mère ce qui s'est passé à l'école. Imaginez une conversation. Vous pourrez vous servir des expressions suivantes :

Mutter : so komisch aussehen – etwas nicht in Ordnung sein – sonst immer so fröhlich sein.

Tochter : links liegen lassen – anders sein - zum Geburtstag nicht eingeladen werden... »

c) Au niveau de la présentation et du contenu

Ex. : Sujet de LV2 ou LV3, 1994, *Der Unbekannte,* d'après Rainer Klis : « L'inconnu se met à parler. En respectant le sens du texte et en partant des répliques de Frau Hardenstein, vous construirez un dialogue entre cette femme et l'inconnu » (80 mots environ) :

Frau Hardenstein : Roswitha Hardenstein am Apparat. Sind Sie es schon wieder ? Nun sprechen Sie doch endlich !

Der Unbekannte :

Frau Hardenstein : Ich kann Sie ja so gut verstehen. Ich leide ja auch so unter der Einsamkeit.

Der Unbekannte : …

Les phrases données sont là pour vous aider et non pas le contraire. Avec un peu d'attention et d'astuce, vous remarquerez bien vite qu'elles vous inspirent des idées que vous n'aviez pas eues auparavant.

Quelques recommandations

– Ne vous lancez pas dans la rédaction du dialogue sans réfléchir. Il vous faut utiliser les informations contenues dans le texte de départ pour étoffer vos répliques. Pour les personnages sur lesquels on a peu d'éléments, on peut imaginer des questions, des hypothèses, des exclamations. Cela vous permettra de relancer le dialogue.

– Dans les exercices très guidés, tenez compte des phrases déjà données, vous ne pouvez pas mettre n'importe quelle réplique, il faut un tout cohérent. Soyez donc logique et rigoureux !

– Attention à la présentation, n'oubliez pas d'ouvrir et de fermer les guillemets, de mettre les signes de ponctuation, de préciser le nom du personnage qui parle.

2 Comment rédiger une lettre ?

Il s'agit d'un exercice fréquent dans la partie semi-guidée.

a) Il peut ne comporter aucune indication précise

Ex. : Sujet de LV1 1994, texte d'après Max Frisch : « Choqué par la séparation, Walter demande à Hanna des explications. Celle-ci répond dans une lettre. Vous rédigerez cette lettre en allemand. »

b) Souvent, on suggère vivement au candidat d'employer des expressions données dans une liste

Ex. : Sujet de LV1 1994, *Abschied,* d'après Wilhelm Raabe :
» Der Vater schreibt dem Schriftsteller einen Brief und erzählt ihm vom neuen Leben der Familie in Amerika. Vous pouvez utiliser, si vous le désirez, les mots ou les expressions suivants : *befürchten – schwerfallen – sich fühlen – hoffnungslos – sich anpassen – die Zukunft – die Lebensart – zufrieden – das Heimweh – entwurzelt. «*

Conseils pratiques

• Bien que l'intitulé vous laisse a priori la liberté de ne pas employer ces expressions « si vous le désirez », il semble préférable d'en utiliser, sinon la totalité, du moins quelques-unes.
Ces expressions ne sont pas forcément un obstacle, au contraire, elles peuvent vous aider à élaborer le contenu de la lettre, à vous suggérer un plan.
Certes, il est essentiel de trouver les éléments du texte qui vont alimenter le corps de la lettre, mais il ne faut surtout pas négliger la présentation.
• Vous pouvez mettre la date :
Ex. : *Hamburg, den 12. Mai 1995.*
• N'oubliez surtout pas l'en-tête !
– pour des amis : *» Lieber Karl ! Liebe Ingrid ! «* (point d'exclamation ou virgule). C'est là la formule la plus fréquente ;
– pour des jeunes qui emploient un style plutôt décontracté : *Hallo ! Hi ! ;*
– pour des personnes plus âgées, que vous respectez ou que vous ne connaissez pas ou mal : *» Sehr geehrter Herr Müller ! « ; » Sehr geehrte Frau Peters ! « ;*
• Faites un plan, des paragraphes :
– au début : une petite introduction (se présenter, donner de ses nouvelles, motif de la missive...) ;
– partie centrale : un récit ou bien une argumentation, un compte rendu ;
– conclusion de la lettre : on espère avoir une réponse, on souhaite revoir quelqu'un prochainement ;
– formule de politesse : *» Viele Grüße «, » Herzliche Grüße «, » Es grüßt Dich ... « » Bis bald ! « » Tschüß ! «*
– Enfin, n'oubliez pas de signer votre lettre ! Les Allemands font souvent précéder leur signature d'un adjectif possessif : *» Dein Peter «, » Ihre Paula «.*

Remarque : L'usage veut que l'on mette dans les lettres une majuscule aux pronoms personnels (deuxième personne, forme de politesse) et aux possessifs :

» *Liebe Ursula !*

Dir, Deinem Mann und den beiden Töchterchen wünschen wir frohe Weihnachten ! Geht es Euch gut ? Seid Ihr beide noch berufstätig ? Geht es Deinen Eltern gut ? (...)

Dir und Euch allen ganz liebe Grüße !

Eure Margot und Peter «

En conclusion, si vous respectez toutes ces règles de présentation, cet exercice ne devrait pas vous dérouter et même certainement vous apporter des points.

3 Imaginer une suite

L'exercice qui consiste à imaginer une suite – ou une partie non développée dans le texte – n'est pas le plus fréquent dans l'expression dirigée. Il s'apparente davantage à un exercice d'expression personnelle libre où le candidat a une plus grande marge de liberté. L'intitulé du sujet n'impose aucune contrainte particulière. Le candidat doit faire appel à ses propres connaissances tout en s'aidant du texte de départ.

Ex. : Sujet de LV1, série **ES-S,** 1995, *Die Welt steht Kopf : » Fünf Jahre sind nun vergangen. Stellen Sie sich vor, was aus Thomas geworden ist !* «

a) Souvent, comme dans les deux types d'exercices précédents (rédiger une lettre ou un dialogue), une série de mots ou d'expressions est imposée.

Ex. : Sujet LV2 ou LV3 1994, *Ferienerlebnis,* d'après G. Pausewang : « En tenant compte de l'attitude des parents à la fin du texte, imaginez ce qui s'est passé au cours de cette nuit de la paella. Vous pouvez, si vous le souhaitez, utiliser les termes suivants :

– *eine Panne oder kein Benzin*
– *die Eltern streiten sich*
– *sie begegnen einem Bauern*
– *sie essen und übernachten sogar bei ihm*
– *der Bauer und seine Frau sind besonders gastfreundlich.* »

b) Ou bien, on suggère au candidat des idées de développement.

Ex. : Sujet de LV2, série **L,** d'après Barbara Frischmuth :
« Imaginez ce que Nora a fait depuis qu'elle a quitté l'école (vie professionnelle, privée, loisirs). »

Dans tous les cas, ces quelques indications vous aident à reconstituer la trame du récit, à structurer et à alimenter les répliques des divers personnages. Dans ce type d'exercice, vous êtes souvent amenés à employer des expressions figées, des idiomatismes, des verbes introducteurs du genre » *Ich vermute, daß* «, » *man könnte glauben* «, etc. N'hésitez pas à montrer votre savoir et votre savoir-faire !

◆◆◆ APPLICATION ◆◆◆

Lisez soigneusement le texte suivant :

Anna ist erst acht Jahre alt, als ihre Mutter stirbt. Sie muß den Haushalt für die neunköpfige Familie führen. Zum Kindsein hat sie zwischen Kuhstall, Küche und Waschzuber keine Zeit. Als sie, 18jährig, ihren Albert heiratet, glaubt sie an den Beginn eines besseren Lebens.

Es kam das Jahr 1939, und manche Leute redeten vom Krieg. An einem Sonntag fragte mich Albert, ob ich seine Frau werden will. Ich konnte es anfangs gar nicht recht glauben. Dann hielt er bei meinem Vater um mich an[1]. Da war es nun nicht mehr so leicht für den Vater, denn mit mir verlor er eine Arbeitskraft, und meine Schwester konnte mich nicht so leicht ersetzen. Er wurde sehr zornig und wollte keinesfalls zustimmen. Ich war ja noch nicht volljährig[2], und er mußte sein schriftliches Einverständnis geben. Ich erzählte das meiner Firmpatin[3]. Sie sagte, ich will mit deinem Vater reden, aber überleg es dir genau, bei deinem Albert sind nun vier alte Leute im Haus. Auch Alberts Mutter war aus ihrer Stadtwohnung auf den Hof gezogen, weil es sich dort leichter leben ließ. Meine Firmpatin redete mit dem Vater. (...) Sei froh, sagte die Patin, wenn du das Mädl unterbringst[4], die Kleinen sind nun auch schon groß, und es wird von Woche zu Woche besser. Da gab der Vater seine Zustimmung.

Ich war noch nicht einundzwanzig, Albert dreiundzwanzig Jahre alt. (...)

Albert hatte auch Schwierigkeiten gehabt, seine alten Leute auf eine Hochzeit vorzubereiten. Er hat seinen Onkel auf den Knien um Zustimmung gebeten. Damit das leichter ging, bin ich einmal eine Woche lang als Erntehelferin bei seinen Leuten gewesen. Da lernten sie mich unvoreingenommen kennen und ich sie auch. (...) Als Albert dann sagte, daβ dieses Mädchen seine Braut sei, konnten sie, nachdem sie mich vorher so gelobt hatten, schlecht das Gegenteil sagen. Am 18. August war die standesamtliche[5] und am 19. die kirchliche Trauung[6].

Anna Wimschneider, *Herbstmilch. Lebenserinnerungen einer Bäuerin,* Piper, München.

1. *um jemanden an/halten :* demander la main de quelqu'un 2. *volljährig sein :* être majeur 3. *die Firmpatin :* la marraine 4. *unterbringen :* (ici) « caser » quelqu'un 5. *standesamtlich :* civil 6. *die Trauung :* le mariage

1 Dialogue

La marraine d'Anna veut persuader le père de celle-ci de donner son accord pour le mariage. Imaginez le dialogue entre ces deux personnages !

Vous pouvez employer, si vous le désirez, les mots et expressions suivants : *jemandem zur Last fallen – jemanden ersetzen – den Haushalt führen – das Glück – jdn ernähren – jdn loswerden – eine gute Partie sein – nicht ohne jemanden auskommen können.*

2 Lettre

Le père écrit au maire du village pour lui signifier son consentement au mariage de sa fille mineure. Il le prie de faire célébrer le mariage au mois d'août de cette année. Rédigez cette lettre (environ 80 mots).

3 Imaginez une suite

Albert doit partir au front et Anna reste chez sa belle-famille. Imaginez sa vie (professionnelle, affective, ses espoirs, ses désillusions).

Corrigé

1 Dialogue

Patin : Du, Helmut, ich muβ mit dir reden. Du weiβt doch, daβ Anna Albert Wimschneider heiraten möchte.

Vater : Ach, hör doch auf ! Anna ist ja noch minderjährig ! Auβerdem brauche ich sie auf dem Hof. Sie muβ doch den Haushalt führen und sich um das Vieh kümmern.

Patin : Ja, du hast recht, aber die anderen Mädchen können sie ersetzen, sie sind schon groβ.

Vater : Ja, aber Anna ist eine tüchtige Arbeitskraft. Ich kann nicht ohne sie auskommen.
Patin : Denk doch ein bißchen nach ! Wenn du deine Zustimmung nicht gibst, wirst du sie lange ernähren müssen. Und wenn sie dann keinen Mann findet, wird sie dir zur Last fallen.
Vater : Tja... natürlich... Ich sollte froh sein, das Mädchen loszuwerden. Dieser Albert Wimschneider ist eine gute Partie.
Patin : Siehst du ! Du begreifst es endlich ! Und denk doch ein bißchen an das Glück deiner Tochter !
Vater : Na gut, ich werde mein schriftliches Einverständnis geben.

2 Lettre

Neunburg, den 1. Juni 1939.

Sehr geehrter Herr Bürgermeister !
Mit diesem Brief erkläre ich mich bereit, meiner Tochter Anna, die am 14. Januar 1919 geboren ist und die noch nicht volljährig ist, meine Zustimmung zu ihrer Hochzeit zu geben. Sie hat sich nämlich am 15. Mai mit Albert Wimschneider, Beruf Landwirt, geboren am 30. März 1916, verlobt. Sie sind beide deutscher Staatsangehörigkeit und möchten im Juli oder August dieses Jahres heiraten. Ich bitte Sie, dann die Trauung durchzuführen.

In der Hoffnung, daß Sie diesen Wunsch erfüllen werden.
Mit vorzüglicher Hochachtung.
Helmut Gemeinhardt.

3 Imaginez une suite

Als Albert dann einberufen wird, wird Anna von seiner Familie noch mehr ausgebeutet. Sie muß den Haushalt führen, sich um das Vieh kümmern, auf dem Feld hart arbeiten und für vier alte Leute und eine zänkische Schwiegermutter sorgen. Was für ein Leben ! Anna, die von einem besseren Leben, vom Glück geträumt hatte, ist tief enttäuscht und entmutigt. Ihre Lage ist noch schlimmer als zuvor bei dem Vater. Ihre einzige Freude ist das Kind, das sie mit Albert bekommen hat. Und jeden Tag hofft sie, daß Albert bald heimkehren wird ... und ihr Wunsch wird erfüllt. Endlich beginnt für sie ein schöneres Leben.

MÉTHODE

EXPRESSION LIBRE

1 La compréhension des énoncés

De plus en plus souvent, l'intitulé des énoncés d'expression personnelle est en français de façon à éviter toute erreur de compréhension. Il ne s'agit pas en effet de tester votre compréhension, ce qui a déjà été fait dans la partie « compréhension d'un texte écrit », mais de tester votre aptitude à vous exprimer dans la langue allemande.

Ex. : Sujet de LV1, série **L,** 1995, d'après Utta Wickert : « Expression libre (en allemand, 150 mots minimum). Avez-vous déjà envisagé de quitter votre pays pour longtemps ? Pour quelle destination ? Qu'attendez-vous, que redoutez-vous d'un long séjour à l'étranger ? »

Mais le sujet peut encore être libellé en allemand :

Ex. : Sujet de LV1, série **ES-S,** 1995, *Der Besuch,* d'après Claudia Keller : » *Ist die soziale Position Ihrer Meinung nach ein Hindernis für die Beziehungen zwischen den Menschen aus unterschiedlichen sozialen Klassen ? Führen Sie konkrete Beispiele an !* «.

Dans ce cas, la compréhension de l'énoncé représente la première difficulté.

Il faut donc pouvoir comprendre :

• **certaines formules interrogatives :**

– *Sind Sie der Meinung, daß :* Êtes-vous d'avis que ?

– *Sind Sie persönlich derselben Meinung ? :* Êtes-vous personnellement du même avis ?

– *Welche Rolle spielt Ihrer Meinung nach ... ? :* À votre avis, quel rôle joue ... ?

– *Inwiefern ... ? :* Dans quelle mesure ... ?

– *Aus welchem Grund ... ?/Aus welchen Gründen ... ? :* Pour quelle(s) raison(s) ... ?

– *Wie läßt sich das erklären ? :* Comment peut-on expliquer cela ?

– *Was ist darunter zu verstehen ? :* Que faut-il comprendre par là ?

• **certaines consignes :**

– *Versuchen Sie, ... :* Essayez de ...

– *Begründen Sie Ihre Antwort/Ihren Standpunkt :* Justifiez votre réponse/votre point de vue.

– *Beurteilen Sie das Verhalten von ... :* Jugez le comportement de ...
Zitieren Sie ... : Citez ...
– *Führen Sie konkrete/persönliche Beispiele an :* Donnez des exemples concrets/personnels.
– *Schreiben Sie den Dialog ! :* Rédigez le dialogue !
– *Stellen Sie sich vor, ... :* Imaginez ...
Essayez de retenir quelques-unes de ces expressions, cela vous facilitera singulièrement la tâche le jour de l'examen.
Prenez votre temps, relisez bien l'énoncé de la question pour éviter de faire un contresens, puis faites un plan au brouillon – avec les expressions, les tournures, les structures grammaticales, les mots-outils que vous souhaitez utiliser – avant de rédiger directement sur la copie.

2 Comparaison de deux textes

Depuis la session de juin 1995, le ministère de l'Éducation nationale suggère (cf. Annales 0) pour la série **L** en LV1 de travailler sur **un** ou **deux** textes.
Ex. : Sujet LV1, série **L,** 1995 : « texte A » de Utta Wickert et « texte B » de Elke Heidenreich sur le même thème, *Deutschland den Deutschen :* le problème du racisme, des préjugés, de l'intégration.
Pour pouvoir traiter convenablement ce type de sujet, le candidat doit posséder un certain nombre d'expressions appartenant au lexique de la comparaison, de la différence, de l'opposition. En voici un échantillon.

• **Comparaison**
– *der Vergleich zwischen* (+ datif) *und* (+ datif) : la comparaison entre ...
– *etwas mit* + datif *vergleichen :* comparer qqch à
– *im Vergleich zu* + datif : en comparaison avec
– *einen Vergleich ziehen :* faire une comparaison.

• **Identité et opposition**
Imaginez que vous comparez deux textes dont les auteurs s'appellent X et Y. Les phrases suivantes pourraient figurer dans votre analyse.
a) Ressemblance
– *X ist **derselben** Meinung wie Y.*
– *Die beiden haben ungefähr die **gleichen** Ansichten.*

– *In dieser Hinsicht* ***stimmen*** *die beiden Texte* ***überein.***
– *Die Autoren* ***haben*** *viel* ***gemeinsam.***
– *Der Stil von Y* ***ähnelt*** *dem Stil von X.*
– *Manche Formulierungen im zweiten Text* ***erinnern an*** *den Stil von X.*

b) Différence
– *In dieser Frage denkt X* ***anders als*** *Y.*
– *Die Argumentation ist völlig* ***verschieden.***
– ***Im Unterschied zu*** *X glaubt Y nicht an den Fortschritt.*
– *Zu diesem Thema sagt der zweite Text genau das* ***Gegenteil (von*** *dem, was der erste Text behauptet).*
– *Die Personen bringen* ***gegensätzliche*** *Standpunkte zum Ausdruck.*
– *Die junge Frau bleibt optimistisch,* ***im Gegensatz zu*** *ihrem Vater, der nicht an ein gutes Ende glaubt.*

◆◆◆ APPLICATION ◆◆◆

1 La compréhension des énoncés

Mettez en rapport les énoncés suivants et leur traduction :

Nehmen Sie Stellung zu...	Donnez des exemples à partir de votre propre expérience !
Wie stellen Sie sich... vor ?	Justifiez votre point de vue !
Begründen Sie Ihre Meinung !	Quelle est votre position face à ce problème ?
Wie stehen Sie zu dieser Frage ?	Quelles difficultés peuvent-ils rencontrer ?
Versuchen Sie, Argumente dafür oder dagegen anzuführen !	Essayez de donner des arguments pour ou contre !
Geben Sie Beispiele aus eigener Erfahrung !	Comment imaginez-vous…
Auf welche Schwierigkeiten können sie stoßen ?	Inventez une conversation !
Erfinden Sie ein Gespräch !	Prenez position sur…

2 Comparer deux textes

▶ 1. Comblez les lacunes

a) » Sicher, mein Zeugnis ist nicht besonders gut « sagte Adelheid zu ihrem Vater, » aber … … … den anderen Schülern meiner Klasse ist es gar nicht so schlecht. «
b) » Ich finde den Text von Günter Grass interessanter als den von Schiller. « » Das kann man doch nicht miteinander … ! Schiller lebte im achtzehnten, Grass lebt im zwanzigsten Jahrhundert ! «
c) » Mein Vater ist so stark wie ein Bär ! « sagt Harald stolz : Er … sein … Vater … ein … Bär… .
d) Der Autor des Aufsatzes … einen interessanten Vergleich zwischen der Weimarer Republik und der Bundesrepublik.

▶ 2. Comparaison de deux textes

Un poème d'Annette von Droste-Hülshoff (*Am Turme,* 1842) et un texte en prose d'un auteur contemporain, Irina Korschunow, *Das Spiegelbild.* Dans ce roman, Irina Korschunow raconte deux vies, celle d'une poétesse de l'époque Biedermeier, Annette von Droste-Hülshoff (1797-1848) et celle d'Amelie Treybe, une journaliste de 42 ans. Tout commence en automne 1992, lorsqu'Amelie découvre les deux portraits d'Annette von Droste-Hülshoff dans la tour grise du château de Meersburg, au bord du lac de Constance, où Annette a séjourné quelque temps. Le premier tableau représente Annette, une jeune femme habillée en bleu clair, le deuxième Annette âgée et morose, portant déjà les premiers signes de la mort sur son visage (cf. chap. 1, p. 22).

Texte A

Ich steh auf hohem Balkone am Turm,
Umstrichen vom schreienden Stare,
Und laβ gleich einer Mänade den Sturm
Mir wühlen im flatternden Haare ;
O wilder Geselle, o toller Gant,
Ich möchte dich kräftig umschlingen,
Und, Sehne an Sehne, zwei Schritte vom Rand
Auf Tod und Leben dann ringen !

Und drunten seh ich am Strand, so frisch
Wie spielende Doggen, die Wellen,
Sich tummeln rings mit Geklaff und Gezisch,

Und glänzende Flocken schnellen.
O, springen möcht' ich hinein alsbald,
Recht in die tobende Meute,
Und jagen durch den korallenen Wald
Das Walroβ, die lustige Beute !

Und drüben seh ich ein Wimpel wehn
So keck wie eine Standarte,
Seh auf und nieder den Kiel sich drehn
Von meiner luftigen Warte ;
O, sitzen möcht' ich im kämpfenden Schiff,
Das Steuerruder ergreifen,
Und zischend über das brandende Riff
Wie eine Seemöwe streifen.

Wär' ich ein Jäger auf freier Flur,
Ein Stück nur von einem Soldaten,
Wär' ich ein Mann doch mindestens nur,
So würde der Himmel mir raten ;
Nun muβ ich sitzen so fein und klar,
Gleich einem artigen Kinde,
Und darf nur heimlich lösen mein Haar,
Und lassen es flattern im Winde !

Am Turme, Annette von Droste-Hülshoff.

Sur la tour

Debout sur les hauts créneaux de la tour
qu'environne un vol d'étourneaux criards,
pareille à une Ménade,
j'abandonne aux assauts du vent
ma chevelure flottante.
O fougueux compagnon, jouvenceau déchaîné,
que ne puis-je t'enlacer de toutes mes forces,
et muscle contre muscle, à deux pas de l'abîme,
lutter avec toi, à la vie, à la mort !

Plus bas j'aperçois sur le rivage,
alerte comme des dogues dans leur jeu,

les vagues qui bondissent, aboient et sifflent
en projetant des flocons d'écume brillante.
Oh ! que je voudrais m'élancer
au milieu de cette meute en furie
et poursuivre à travers la forêt des coraux,
la baleine, joyeuse proie.

Et plus loin je vois claquer eu vent
un pavillon orgueilleux comme un étendard,
je vois la quille monter et descendre,
du haut de ma guette aérienne.
Oh ! que je voudrais prendre place à bord du bateau
qui lutte contre les vagues,
saisir le gouvernail et filer
comme une mouette par-dessus le récif couvert d'embruns.

Que ne suis-je un chasseur dans la vaste campagne,
ou tant soit peu un soldat !
Que ne suis-je homme à tout le moins :
le Ciel m'indiquerait ma voie.
Mais il me faut rester là douce et candide,
comme un enfant bien sage.
Et je ne peux qu'en secret dénouer mes cheveux
et les laisser flotter au vent.

(traduit par Geneviève Bianquis, Paris, Aubier, 1955).

Texte B

Ein langer, lebenslanger Prozeβ, nichts von heute auf morgen. Du kennst die Stationen, Amelie, Bökendorf etwa, wo ich mich zu früh von der Jugend trennte, ausgestoβen wurde, mich selbst ausstieβ, es kommt noch die Rede darauf. Meine Mutter jedenfalls, zunächst so beifällig[1] auf die Pflege der hübschen Begabung bedacht[2], nahm mit Sorge die Veränderungen wahr, fremde Töne in den glatten Tochterversen, Zweifel, Schmerz, Klage, Trauer, alles viel zu ungestüm[3], ganz und gar über das Statthafte[4] hinaus.

Ich, die alte Jungfer[5], vierzig schon und immer noch um Erlaubnis bittend. Einer Tochter ohne Mann und eigenes Haus stand auch kein eigener Wille zu[6], Tochter gestern, Tochter heute, Tochter immerdar.

Meine Mutter, meine Herrin. Ich gehorchte, wenn sie rief, verließ meinen Schreibtisch mitten im Vers... und wurde krank dabei, diese ewigen Schwächezustände, Herzbeklemmungen[7]. Jungfernreißen[8], spottete man in der Verwandtschaft. Dennoch setzte ich meinen Willen durch, die Gedichte erschienen. Die Familie war blamiert. Ich mußte büßen. Ich senkte den Kopf und richtete mich ein in der Beschränkung, meinen Schreibtisch als Zuflucht, und kein Wort der Klage. Ich habe zugedeckt, immer nur zugedeckt, und die frühen Gedichte sind genauso, nicht den Ärger wert.

Erst die späten aus der Meersburger Zeit, als Lewin[9] mich alle Gebote vergessen ließ, sollen gelten. Schamlos nannte man sie in Hülshoff, Mißbilligung lag in der Luft. Nun ist der Geist der Dichterin daraus geworden, Eintritt, Postkarten, Bücher : Annette, ein gutverzinsliches Wertpapier[10], wer hat schon dergleichen.

Klingt es bitter, Amelie ? Ja, ich bin bitter geworden im Höllenfeuer der Versäumnisse. Nicht daß ich mich hadernd[11] in euer Jahrhundert hineinwünschte. Auch zu meiner Zeit gab es Frauen, die über Gräben gesprungen sind. Weshalb bin ich nicht ausgebrochen mit meinen dreihundert Talern, genug für die Freiheit ? Die Kutsche[12] hält, ich steige ein, niemand kann mich halten, auch die Schwächezustände bleiben zurück. Ein hübsches Märchen, nur nicht für mich. Ich bin geblieben.

Irona Korschunow, *Das Spiegelbild*,
Hoffmann und Campe Verlag, Hamburg1992.

1. *beifällig :* favorable(ment) 2. *auf etwas bedacht sein :* être soucieux de, attentif à 3. *ungestüm :* fougueux 4. *das Statthafte :* ce qui est permis 5. *die alte Jungfer :* la vieille fille 6. *jemandem zustehen :* échoir à quelqu'un, posséder 7. *Herzbeklemmungen :* serrements de cœur 8. *Jungfernreißen :* caprices de vieille fille 9. Lewin est le jeune homme dont Annette est éprise 10. *ein gutverzinsliches Wertpapier :* un papier qui rapporte beaucoup d'intérêts 11. *hadernd :* vindicatif

Im Text A und im Text B steht jeweils die Dichterin Annette im Mittelpunkt, die unter einer schwierigen, eingeschränkten Jugend gelitten hat.

a) Inwiefern sind in beiden Texten die Gefühle, die Empfindungen die gleichen ?
Wie ist der Ton beider Texte ?

b) Welche Unterschiede finden Sie ? Geben Sie Beispiele !

c) Untersuchen Sie die Erzählperspektive im Text B.

Corrigé

1 La compréhension des énoncés

Nehmen Sie Stellung zu...	Prenez position sur...
Wie stellen Sie sich... vor ?	Comment imaginez-vous...
Begründen Sie Ihre Meinung !	Justifiez votre point de vue !
Wie stehen Sie zu dieser Frage ?	Quelle est votre position face à ce problème ?
Versuchen Sie, Argumente dafür oder dagegen anzuführen !	Essayez de donner des arguments pour ou contre !
Geben Sie Beispiele aus eigener Erfahrung !	Donnez des exemples à partir de votre propre expérience !
Erfinden Sie ein Gespräch !	Inventez une conversation !
Auf welche Schwierigkeiten können sie stoßen ?	Quelles difficultés peuvent-ils rencontrer ?

2 Comparer deux textes

▶ 1. Comblez les lacunes :

a) im Vergleich zu – b) vergleichen – c) Er vergleicht seinen Vater mit einem Bären – d) zieht.

▶ 2. Comparaison de deux textes

a) In beiden Texten überwiegt das Gefühl des Scheiterns. Annette, die sich von dem Druck ihrer engstirnigen Familie befreien wollte, muß aufgeben, muß auf ihre Träume von Freiheit und Glück verzichten. Im Text A vergleicht sie sich selbst mit einem Kind, das etwas Verbotenes tut und zugleich Angst vor der Mutter hat : » Gleich einem artigen Kinde, .../Und darf nur heimlich lösen mein Haar. «
Im Text B schildert sie die gleiche Situation. Die 40jährige Frau muß ihrer Mutter gehorchen (» Tochter heute ... immerdar. Meine Mutter, meine Herrin «). Aber sie leidet unter dieser Unterwürfigkeit (» Ich bin bitter geworden im Höllenfeuer der Versäumnisse «) ; sie leidet physisch und seelisch (» diese ewigen Schwächezustände «), und die Schwäche siegt (» Ein hübsches Märchen, nur nicht für mich. Ich bin geblieben «).

Andererseits kommt in beiden Texten die Sehnsucht nach Unabhängigkeit, nach Stärke, nach Freiheit zum Ausdruck und das Gefühl, daβ man gegen gewisse bürgerliche Regeln verstöβt.
Im Text A stehen folgende Worte : » Wär' ich ein Jäger ... « und im Text B » fremde Töne in den glatten Tochterversen..., alles viel zu ungestüm, ganz und gar über das Statthafte hinaus (...) » schamlos nannte man sie in Hülshoff «. Annette zeigt dennoch Respekt vor einer gewissen Sittlichkeit, weiβ, daβ zu ihrer Zeit nur die Männer nach Gutdünken handeln konnten (» Wäre ich ein Mann doch mindestens nur «), ist sich aber zugleich dessen bewuβt, daβ ihre Probleme auch auf ihrem Mangel an Selbstbewuβtsein, auf ihrer eigenen Persönlichkeit beruhen : » Auch zu meiner Zeit gab es Frauen, die über Gräben gesprungen sind «.
In beiden Texten ist von dem Aufenthalt Annettes in Meersburg am Bodensee die Rede. Das Gedicht » Am Turme « beschreibt die Umgebung von Meersburg, wo Annette gelebt hat. Im zweiten Text wird dieser Ort ausdrücklich genannt : » Erst die späten aus der Meersburger Zeit, als Lewin mich alle Gebote vergessen lieβ «.
Der Ton beider Texte ist der der Klage, der Trauer, der Reue. Annette hat ihr Leben verfehlt : » Klingt es bitter, Amelie ? Ja, ich bin bitter geworden... «.

b) Der Hauptunterschied zwischen beiden Texten ist das Verhältnis zwischen Traum und Wirklichkeit. Im Gedicht überwiegt der Traum : vier Strophen Traum, eine Strophe Wirklichkeit. Das Ich genieβt den Anblick der entfesselten Natur und stellt sich vor, daβ es an dem wilden Spiel teilnimmt : » Ich möchte dich kräftig umschlingen... «. Der Wortschatz drückt Stärke, die fröhliche Bewegung aus : » Mänade «, » kräftig «, » jagen «, » keck «, » kämpfend «. Die Rückkehr zur Wirklichkeit in der letzten Strophe erschüttert den Leser, der plötzlich begreift, wie ohnmächtig die Dichterin ist.
Der Text B von Irina Korschunow ist expliziter. Es gibt nur einige Anspielungen auf ihre Träume von Emanzipation, die Dichterin setzt sich eher mit der Wirklichkeit auseinander und schildert die damalige Situation mit viel Hellsichtigkeit, Realismus und Distanz : » Ein langer, lebenslanger Prozeβ, nichts von heute auf morgen, Du kennst die Stationen, Amelie «.

c) Die Erzählperspektive.
Im Gedicht » Am Turme « erzählt die Dichterin von sich selbst, von ihren heimlichen Wünschen und von der Realität. Es ist ein Gedicht in der Ich-Form, das die Gefühle einer Frau zum Ausdruck bringt.

Im zweiten Text ist die Erzählperspektive besonders raffiniert. Es handelt sich um einen fiktiven Dialog, einen Briefwechsel zwischen Annette von Droste-Hülshoff und einer Journalistin, Amelie Treybe, die heutzutage lebt. Man geht davon aus, daβ Amelie das ganze Leben Annettes kennt und daβ Annette auch das zwanzigste Jahrhundert kennt : » Nicht daβ ich mich hadernd in euer Jahrhundert hineinwünschte «. Auffallend ist die Gegenwart des allwissenden Erzählers, der sich in das Gespräch einmischt und Elemente der heutigen Zeit erwähnt : » Nun ist der Geist der Dichterin ... wer hat schon dergleichen «. Durch diese Bemerkung relativiert der Erzähler die ganze Geschichte Annettes. Annette, die von ihrer Familie, von der damaligen Gesellschaft mehr oder weniger ausgestoβen wurde, hat ihre Revanche : » Annette, ein gutverzinsliches Wertpapier, wer hat schon dergleichen «.

MÉTHODE

ENRICHIR L'EXPRESSION PERSONNELLE

1 Savoir argumenter

L'argumentation sert essentiellement à peser le pour et le contre d'une thèse et à amener l'auteur – et avec lui le lecteur – à une conclusion justifiée. Si l'on veut que le lecteur puisse suivre le raisonnement, il faut lui signaler à chaque étape – à l'aide d'expressions comme *aber, allerdings, zwar, man kann daraus schlieβen,* etc. – pourquoi on avance telle observation, telle réflexion.

▶ 1. L'expression de la cause et de la conséquence

Pour répondre à certaines questions sur les textes, il vous faudra indiquer les causes, les raisons d'un comportement ou d'un événement. Par exemple :

• **Cause**
– *es liegt daran, daβ :* cela est dû au fait que
– *es kommt daher, daβ :* cela provient de ce que
– *etw. beruht auf* (dat.) *:* repose sur

• **Conséquence**
– *etw. trägt zu* (dat.) *bei :* contribue à
– *etw. geht aus* (dat.) *hervor :* résulte de
– *etw. ergibt sich aus* (dat.) *:* id.

▶ 2. L'expression de la volonté et de la finalité

Dans l'argumentation, on recourt fréquemment à des verbes de volonté suivis d'une infinitive ainsi qu'à des subordonnées finales introduites par damit et *um... zu*. D'autres expressions traduisent également les mêmes notions générales :

– *Er will/möchte, daß* : il veut/aimerait que ;
– *er beabsichtigt, hat/hegt die Absicht, trägt sich mit der Absicht* : il a l'intention de ;
– *er hat vor, zu* + Inf. : il envisage de.

▶ 3. Les articulations du discours

Pour rédiger un résumé, un récit ou une argumentation, vous aurez besoin de connaître et d'employer correctement des mots de liaison (cf. p. 35).

Les corrélatifs vous seront notamment fort utiles pour structurer votre discours :

– *sowohl* ... *als auch* ... : non seulement ... mais aussi ... ;
– *entweder* ..., *oder* ... : soit ..., soit ... ;
– *früher* ..., *heute* ... : autrefois ... , aujourd'hui ... ;
– *zum einen* ..., *zum anderen* ... : d'une part ..., d'autre part ...

2 L'enrichissement syntaxique

• **Apprenez à construire des phrases complexes** en évitant d'enchâsser les subordonnées : c'est une erreur que commettent souvent les francophones (par exemple ... *daß wenn* ...).

Ex. : « Il pensait que s'il avait beaucoup d'argent, il irait en Australie » : *Er dachte, daß er nach Australien gehen würde, wenn er viel Geld hätte.*

• **Utilisez des phrases introductives :**

– *er fügt hinzu, daß er keine Zeit hat* : il ajoute qu'il n'a pas le temps.
– *sie sieht ein, daß sie falsch gehandelt hat* : elle reconnaît qu'elle a mal agi ;
– *es fällt ihm ein, daß er seine Schlüssel auf dem Tisch vergessen hat* : il se rend compte qu'il a oublié ses clefs sur la table.

• **Utilisez des adverbes modalisateurs** et des tournures modalisatrices pour nuancer votre opinion (cf. le tableau au chapitre 6).

• **Efforcez-vous de structurer votre récit** ou votre argumentation. Evitez les répétitions en remplaçant certains termes par des pronoms, des synonymes, des termes génériques, des relatifs. Ces mots confèrent au discours sa cohérence.

3 L'enrichissement lexical

• Un élève de Terminale devrait posséder un lexique de base d'environ 2 000 à 2 500 mots dont une centaine de mots de structure (déterminants, conjonctions, prépositions et adverbes courants).

• Tâchez d'éviter les fautes d'interférence avec l'anglais que l'on trouve régulièrement dans les copies :

français	**allemand**	**anglais**	**allemand**	**français**
montrer	*zeigen*	to show	*schauen*	regarder
devenir	*werden*	to become	*bekommen*	recevoir
important	*wichtig*	important		
souvent	*oft*	often		
aussi	*auch*	also	*also*	donc
perdre	*verlieren*	to loose	*lösen*	résoudre

• On retient mieux les mots dans des phrases complètes et dans un contexte concret, de préférence dans une série de phrases explicatives qui forment un ensemble cohérent. Pour aider la mémorisation, on peut par exemple créer une histoire qui incorpore les mots nouveaux dans une suite d'actions précises et coordonnées :
Helga schreibt einen Brief an ihre Freundin. Sie steckt den Brief in einen Briefumschlag, schreibt die Adresse (Anschrift) und den Absender darauf, klebt eine Briefmarke auf den Briefumschlag, steckt den Brief in den Briefkasten. Die Post befördert den Brief, der Postbote (Briefträger) bringt den Brief dem Empfänger – der Freundin von Helga.

◆◆◆ APPLICATION ◆◆◆

1 Savoir argumenter

Formez des phrases avec les verbes suivants : *zurückführen auf – der Grund sein – führen zu – mit sich bringen.*

Meine schlechte Laune – Streit mit meinen Eltern
Regelmäßige Arbeit – Erfolg beim Abitur
Hartes Training – Weltmeistertitel
Verlagerung von Industrien ins Ausland – Erhöhung der Arbeitslosigkeit.

2 L'enrichissement syntaxique

Le texte suivant est constitué d'une suite de phrases non enchaînées. Transformez-le en employant, dans cet ordre, les éléments donnés. Vous supprimerez ainsi les répétitions et vous améliorerez la cohésion textuelle.

die (pronom relatif) – **und** – **weil** – **nämlich** – **dann** – **wo** (pronom relatif) – **als** (conjonction de subord.) – **das** (pronom relatif) – **aber** – **sondern** – **ohne ... zu** (+ infinitif) – **als** (conjonction de subord.) – **um ... zu** (+ infinitif) – **und** – **dabei** – **dann** – **wo** (pronom relatif) – **und** – **als** (conjonction de subord.).

Überfall in einem Modegeschäft.

Es passierte gestern nachmittag in Düsseldorf. Eine junge Dame kam in ein Modegeschäft. Sie trug alte Jeans und einen grauen Pullover. Sie sah sich die Kleider an. Die Verkäufer wunderten sich. Die Frau sah nicht wie eine normale Kundin aus. Es handelt sich um ein sehr teures Geschäft.

Die Frau suchte sich ein Abendkleid für 3 000 Mark aus. Sie ging in eine Umkleidekabine. Sie blieb fünf Minuten in der Umkleidekabine. Sie kam wieder heraus. Sie trug das Kleid. Es stand ihr offenbar phantastisch. Sie ging nicht zur Kasse. Sie ging direkt zur Tür. Sie bezahlte nicht. Ein Verkäufer lief zur Tür, wollte ihr den Weg versperren. Sie zog eine Pistole. Sie bedrohte ihn. Sie schrie : » Ich habe es satt, in alten Jeans herumzulaufen ! « Sie rannte durch die Tür auf die Straße. Dort wartete schon ein junger Mann auf einem Motorrad. Sie schwang sich auf den Rücksitz. Der Mann brauste mit ihr davon.

Die Polizei kam. Die beiden waren längst verschwunden.

3 L'enrichissement lexical

Classez les mots suivants dans un tableau à double entrée :
der Hubschrauber – der LKW – der ICE – das Fahrrad – das Segelflugzeug – der Dampfer – der Förderwagen – das Ruderboot

	Fahrzeuge ohne Eigenantrieb	Motorfahrzeuge
Schienen		
Straβe		
Luft		
Wasser		

Corrigé

1 Savoir argumenter

Der Streit mit meinen Eltern **ist der Grund** meiner schlechten Laune.
Eine regelmäβige Arbeit **führt zum** Erfolg beim Abitur.
Sein Weltmeistertitel **ist auf** ein hartes Training **zurückzuführen**.
Die Verlagerung von Industrien ins Ausland **bringt** eine Erhöhung der Arbeitslosigkeit **mit sich**.

2 Enrichissement syntaxique

Überfall in einem Modegeschäft.

Es passierte gestern nachmittag in Düsseldorf. Eine junge Dame, **die** alte Jeans und einen grauen Pullover trug, kam in ein Modegeschäft **und** sah sich die Kleider an. Die Verkäufer wunderten sich, **weil** die Frau nicht wie eine normale Kundin aussah. Es handelt sich **nämlich** um ein sehr teures Geschäft.

Die Frau suchte sich ein Abendkleid für 3 000 Mark aus. **Dann** ging sie in eine Umkleidekabine, **wo** sie fünf Minuten blieb. **Als** sie wieder herauskam, trug sie das Kleid, **das** ihr offenbar phantastisch stand. Sie ging **aber** nicht zur Kasse, **sondern** direkt zur Tür, **ohne zu** bezahlen. **Als** ein Verkäufer zur Tür lief, **um** ihr den Weg **zu** versperren, zog sie eine Pistole **und** bedrohte ihn. **Dabei** schrie sie : » Ich habe es satt, in alten Jeans herumzulaufen ! « **Dann** rannte sie durch die Tür auf die Straβe, **wo** schon ein junger Mann auf einem Motorrad wartete. Sie schwang sich auf den Rücksitz **und** der Mann brauste mit ihr davon. **Als** die Polizei kam, waren die beiden längst verschwunden.

3 Enrichissement lexical

	Fahrzeuge ohne Eigenantrieb	**Motorfahrzeuge**
Schienen	der Förderwagen	der ICE
Straße	das Fahrrad	der LKW
Luft	das Segelfluzeug	der Hubschrauber
Wasser	das Ruderboot	der Dampfer

EXERCICE

Exercice 5

Lisez attentivement le texte ci-dessous et répondez aux questions.

Die Nachricht

Am Sonnabend voriger Woche, um ein Uhr fünfundzwanzig Ortszeit, gab es einen Brand im Maschinenhaus des vierten Reaktorblocks. Was nach Aussage der Physiker höchstens einmal in 10 000 Jahren hätte geschehen können, ist jetzt geschehen. Jede relativ neue Technologie, hören wir nun, fordere zunächst auch Opfer. Ein Graphitbrand, mit dem niemand hat rechnen können, sei, einmal ausgebrochen, ganz besonders schwer zu löschen. Jemand aber habe es tun müssen. An jenem Tag war von zwei Toten die Rede.

Ein Radiosprecher fragte einen anscheinend jüngeren Experten, der freundlicherweise zu ihm ins Studio gekommen war : Was denn er heute mit seinen Kindern machen würde, gesetzt den Fall, er hätte welche. Er hat welche. Er, hat er gesagt, hat seiner Frau nahegelegt[1], den Kindern heute keine Frischmilch, keinen Blattspinat und keinen grünen Salat zu geben. Auch nicht in den Park oder in den Sandkasten mit ihnen spielen zu gehn, vorsichtshalber. Da habe ich doch schnell nach Berlin telefonieren müssen, aber sie hatten es schon gehört. Blattgemüse und Spinat kriege man sowieso nicht zu kaufen, und frische Milch gebe sie den Kindern nicht mehr, hat die jüngere Tochter gesagt. Im Sandkasten ist sie allerdings gestern nachmittag mit ihnen gewesen, danach habe sie sie leider gebadet. Ja, hätte ich das denn nicht gehört ? Duschen solle man die Kinder, nachdem sie draußen gewesen seien. Das Bad weiche die Haut auf, öffne die Poren und schwemme die Radioaktivität erst recht in den Körper. Übertrieben ? Wenn man das nur wüßte.

Zur vollen Stunde habe ich aus meinem kleinen Radio gehört, man tue gut daran, heute, falls man denn unbedingt im Garten arbeiten müsse, dabei Handschuhe anzuziehen, und ich habe mich einen Laut ausstoßen hören, der einem Triumphlaut nahegekommen ist, während ich eifrig weiter mit meinen bloßen Händen das Unkraut gerupft habe. Das wollen wir doch mal sehen, habe ich dazu gesagt.

Dann bin ich zum Konsum[2] gefahren. Ich habe mir die bestellten Milchflaschen in die Tasche gezählt und gefragt, ob eigentlich auch heute alle Leute ihre Milch abholen würden. Doch, hat die Verkäuferin gesagt, alle kauften ihre Milch wie eh und je, man wüßte ja nichts anderes. Schlimm, schlimm das alles, hat sie gesagt, aber unsereins könne ja sowieso nichts dagegen tun. Schließlich könne man nicht zu essen und zu trinken aufhören.

Bei der Post fragte ich Herrn Gutjahr, was er denn zu dem Reaktorunglück sage. Ach wissen Sie, hat er gesagt. Geschehen ist geschehen. Und ob da nicht immer auch viel übertrieben werde ? Und was solle einem alten kranken Mann wie ihm schließlich noch passieren.

Christa Wolf, *Störfall. Nachrichten eines Tages,*
Aufbau Verlag, Berlin/Weimar, 1987.

1. *nahelegen : empfehlen, raten, einen Rat geben*
2. *der Konsum :* épicerie (ex-RDA)

1. Wie reagiert die Erzählerin auf den Unfall in Tschernobyl ?
2. In ihrem Buch Störfall bringt Christa Wolf ihre Bedenken gegen die friedliche Nutzung der Kernenergie zum Ausdruck. Welche Argumente kann man gegen die Kernenergie vorbringen ?
3. Welches ist ihr Standpunkt in dieser Frage ?

Corrigé p. 239

CHAPITRE 5 **TRADUIRE**

Remarques générales

La nouvelle épreuve écrite du baccalauréat comprend toujours une version. Vous ne devez pas vous contenter d'une lecture globale et superficielle du texte avant de vous lancer dans la traduction mot à mot. Procédez dans un premier temps à une lecture réfléchie et approfondie en vous efforçant de bien comprendre le sens de chaque phrase. Il vous faudra ensuite fournir un effort de clarté et de cohérence pour écrire dans un français correct et intelligible.

MÉTHODE

LES DIFFICULTÉS DE TRADUCTION

1 Les participiales

Certains écrivains, et la presse écrite d'une manière générale, affectionnent les groupes participiaux, qui peuvent être très longs. C'est une structure syntaxique très allemande, qui obéit au même schéma régressif que les mots composés (cf. chapitre 2), c'est-à-dire qu'on doit la lire en remontant de la fin vers le début du groupe. Cette construction n'ayant pas d'équivalent en français, on la traduira le plus souvent par une relative.

Déterminatif ou préposition	Expansion : participe présent participe passé précédé d'un ou plusieurs compléments	Substantif

DET complément + participe NOM

die Schaffung ***einer*** *aus 6 Mann bestehenden* ***Hauspolizei***

la création d'une police privée composée de six hommes

Il faut aller rechercher le nom à la fin du groupe et traduire de droite à gauche.
La difficulté consiste parfois à détecter la présence d'un groupe participial dans une phrase. Il existe des signaux d'alerte qui permettent de repérer le groupe et d'en cerner les limites, ce sont en amont du groupe des successions inhabituelles du type :
– déterminant + déterminant : *die die ... ; eine den ...*
– déterminant + préposition : cf. exemple ci-dessus : *einer aus ...*
– préposition + deux déterminants : *aus einer den ...*
– préposition + préposition : *aus in einer ...*

▶ 2. Les propositions juxtaposées

Il faut se garder de calquer en français la structure de certaines propositions juxtaposées qui sont en fait des dépendantes sans conjonction (ellipse de *daß* ou de *wenn*) ou des concessives.
– *Der Premierminister behauptet, die Regierung werde die Krise bald überwinden* (le Premier ministre affirme que le gouvernement surmontera bientôt la crise).
– *Ist meine Tochter krank, so rufe ich den Arzt* (si ma fille est malade, j'appelle le médecin).
– *Sie mochte noch so viel für ihren Mann tun, er war nie freundlich zu ihr* (Elle avait beau faire énormément pour son mari, il n'était jamais gentil avec elle).

▶ 3. Les propositions sujets ou compléments

Dans la traduction française, il faudra presque toujours permuter l'ordre de propositions.
– *Wer zuletzt lacht, lacht am besten* (rira bien qui rira le dernier).
– *Daß er bösartig ist, wissen alle Leute* (tout le monde sait qu'il est méchant).
– *Wie gut meine Idee war, haben die Ereignisse gezeigt* (les événements ont montré à quel point mon idée était bonne).

▶ 4. Les constructions passives et résultatives

L'allemand a un goût prononcé pour les tournures passives. Dans la traduction française, la voix active l'emportera le plus souvent.
– *Da wurde ihnen von allen Seiten freundlich zugenickt* (on les salua aimablement de toutes parts).
Il existe des tournures impersonnelles qui s'apparentent au passif :

– *sich lassen* + inf. : *Dieser Wein kann* ***sich sehen lassen*** (Ce vin est digne de figurer sur une bonne table).
– *sein* + *zu* + infinitif : *In der Geschichte der Literaturen* ***sind*** *die geborenen Dichter häufiger* ***anzutreffen*** *als die geborenen Kritiker* (Hermann Hesse). (Dans l'histoire littéraire, on rencontre plus souvent des poètes nés que des critiques nés.)
– constructions résultatives : *Ich lache mich tot* (Je suis mort de rire) ; *und dehnst und reckst dir die Knochen müde* (Eichendorff) (tu t'allonges et t'étires à te rompre les os) (trad. Aubier).

2 Les particularités lexicales

▶ 1. La portée des adverbes

Veillez avec le plus grand soin à la base d'incidence, la « portée », de certains mots (négateurs, adverbes) placés immédiatement devant le mot ou le groupe de mots qu'ils déterminent.
Dans l'exemple suivant, aucun indice morphologique (par exemple un suffixe comme en français le suffixe « -ment ») ne permet de distinguer l'adverbe de l'adjectif : il faut donc tenir compte scrupuleusement de la place des mots et se garder de traduire au jugé : *Es sind Menschen, die sind* ***furchtbar*** *einfach. Es gibt aber auch solche, die sind* ***einfach*** *furchtbar* (Il existe des gens terriblement simples. Mais il y en a aussi qui sont tout simplement terribles).

▶ 2. Les alliances trompeuses

On rencontre dans tous les textes des alliances de mots qu'il n'est pas possible de calquer en français, car ils constituent une combinaison sémantique propre à l'allemand. Ce sont des locutions figées, des « idiomatismes » tels qu'on en trouve dans toutes les langues et qu'il faut savoir repérer si l'on veut éviter le faux sens auquel conduirait immanquablement une traduction mot à mot.
Il convient de bien repérer à la lecture :
– les verbes dont le sens change en fonction de la préposition qu'ils régissent (cf. chap. 2) : *sich freuen auf* (se réjouir à l'idée de quelque chose à venir) ; *sich freuen über* (se réjouir d'une chose présente) ;
– les locutions verbales (cf. chap. 2) : *eine Liste aufstellen* (dresser une liste) ; *eine Prüfung bestehen* (réussir un examen) ;
– les locutions prépositives (cf. chap. 2) : *in Bezug auf* (par rapport à) ; *im Zusammenhang mit* (en rapport avec) ;

– les locutions adverbiales : *nicht zuletzt* (particulièrement) ; *nicht einmal* (même pas) ; *auf einmal* (tout à coup) ; *kurz und gut* (bref) ; *vor allem* (surtout) ; *nach wie vor* (comme avant) ; *zur Zeit* (actuellement).
– les expressions figées comme *mit Kind und Kegel* (avec armes et bagages).

◆◆◆ APPLICATION ◆◆◆

1 Les particularités syntaxiques

1. *Repérez et traduisez le groupe participial dans les phrases suivantes.*

a) Voller Geduld hörte sich Stefan die aus kindischen Wörtern gebildeten Sätze ohne Abschluß, ohne sinnvolle Übergänge an.
b) Diese Daten ergeben sich aus auf Landesebene, zum Teil auch in einzelnen Schulen durchgeführten Umfragen.

2. *Traduisez les phrases suivantes.*

a) Sah ich gar zu wohl aus, und schien der Tag mir ganz unüberwindlich, so schlich ich mich heimlich in die Speisekammer und nahm ein paar kräftige Schlucke aus der Essigflasche.
b) Mögen uns die Elektronikmanager noch so sehr die Ohren vollsülzen – auch in fünf Jahren wird es im wesentlichen vier oder fünf nationale Vollprogramme und eine begrenzte Anzahl von Spartenkanälen geben. *(Die Zeit).*
c) Es ist besser, bewußt nichts zu tun, als nichts bewußt zu tun.
d) Wer zu spät kommt, den bestraft das Leben.

2 Les particularités lexicales

Soulignez dans les phrases suivantes les adverbes intensificateurs et les négateurs partiels et indiquez au moyen d'une flèche le mot qu'ils qualifient. Traduisez les phrases.

Anfang der achtziger Jahre organisierten Pädagogen erste Alphabetisierungskurse. Heute lernen allein in Westdeutschland jährlich 10 000 bis 15 000 Erwachsene lesen und schreiben, hauptsächlich an Volkshochschulen. Die Teilnehmer sind zumeist zwischen 25 und 45 Jahre alt. *(Der Spiegel).*

Corrigé

1 Les particularités syntaxiques

1. a) *Voller Geduld hörte sich* ***Stefan die aus kindischen Wörtern gebildeten Sätze*** *ohne Abschluß, ohne sinnvolle Übergänge an.*
Stéphane écoutait avec beaucoup de patience les phrases constituées de mots d'enfants, sans conclusion ni transitions sensées.
b) *Diese Daten ergeben sich* ***aus auf Landesebene, zum Teil auch in einzelnen Schulen durchgeführten Umfragen.***
Ces données résultent de sondages effectués dans l'ensemble du land, et en partie aussi dans un certain nombre d'écoles.

2. a) Si j'avais l'air en trop bonne forme et si la journée à venir me semblait tout à fait insurmontable, je me glissais furtivement dans le garde-manger pour y boire quelques bonnes rasades de vinaigre.
b) En dépit du bourrage de crâne que nous font subir les pontes de l'électronique, il n'y aura dans cinq ans pas plus de quatre ou cinq chaînes généralistes nationales et un nombre restreint de chaînes spécialisées.
c) Il vaut mieux sciemment ne rien faire que de n'avoir aucune conscience de ce que l'on fait.
d) Celui qui arrive trop tard est puni par l'existence.

2 Les particularités lexicales

Anfang der achtziger Jahre organisierten Pädagogen erste Alphabetisierungskurse. Heute lernen <u>allein</u> in Westdeutschland

jährlich 10 000 bis 15 000 Erwachsene lesen und schreiben, <u>hauptsächlich</u> an Volkshohschulen. Die Teilnehmer sind zumeist

zwischen 25 und 45 Jahre alt.

Au début des années quatre-vingt, les pédagogues ont organisé les premiers cours d'alphabétisation. Aujourd'hui, il y a, rien qu'en Allemagne de l'Ouest, 10 000 à 15 000 adultes par an qui apprennent à lire et à écrire essentiellement dans les universités populaires. Les participants ont la plupart du temps entre 25 et 45 ans.

MÉTHODE

LES PROCÉDÉS DE TRADUCTION

1 Les traductions littérales

▶ 1. Les emprunts

• Vous le savez déjà : un grand nombre de mots allemands sont transparents pour les francophones parce qu'ils sont empruntés à notre langue. Toutefois, il convient de se prémunir contre les faux amis (cf. chapitre 2) et aussi se garder de traduire **systématiquement** par le terme français correspondant : on aura souvent intérêt à rechercher un synonyme.

On pourra ainsi traduire *die Masse* par « la foule », *das Spektrum* par « l'éventail ».

• Il n'existe en revanche qu'un nombre limité de mots d'origine allemande dans le vocabulaire français. Qui plus est, ce sont le plus souvent des mots qui ont en français une signification spécialisée.

Les mots *Ersatz, Mauser, Talweg, Hase, Becher* figurent également dans les dictionnaires français, mais avec une acception restreinte : un ersatz : un substitut – un mauser : modèle de pistolet automatique – un thalweg : ligne joignant les points les plus bas du fond d'une vallée, une hase : femelle du lièvre – un becher : récipient utilisé par les chimistes.

• Attention également aux mots d'origine anglaise : l'allemand moderne emprunte de plus en plus de mots à l'anglais, sans même germaniser leur prononciation. En revanche, le français se montre beaucoup plus circonspect et répugne à un pareil envahissement linguistique. Nous avons bien « week-end », « sandwich », « pull-over », etc., mais la plupart des anglicismes que les journaux allemands utilisent sans vergogne devront être traduits.

der Oldtimer (voiture ancienne) – *akkurat* (angl. : accurate, exactement) : *Die Quelle entspringt fast akkurat zu Füßen des Domes* (la source jaillit presque exactement au pied de la cathédrale) – *das Team* (l'équipe) – *ein cleverer Mensch* (une personne intelligente) – *das Handy* (le téléphone mobile).

▶ 2. Les patronymes et les noms géographiques

Ils ne se traduisent pas la plupart du temps. Certains cependant ont une forme qui peut varier beaucoup d'une langue à l'autre :

– *Karl der Große* (Charlemagne) – *Kolumbus* (Christophe Colomb) – *Michelangelo* (Michel-Ange) – *Ludwig der Zweite von Bayern* (Louis II de Bavière).

– *Regensburg* (Ratisbonne) – *die Donau* (le Danube) – *die Weichsel* (la Vistule) – *der Bodensee* (le lac de Constance) – *Genf* (Genève) ; *das Mittelmeer* (la Méditerranée) – *Rheinland-Pfalz* (Rhénanie-Palatinat) – *Bayern* (Bavière) – *die GUS* (la CEI) – *Schlesien* (la Silésie) – *Aachen* (Aix-la-Chapelle) – *München* (Munich) – *Warschau* (Varsovie).

▶ 3. Les calques

Certaines unités lexicales peuvent être traduites littéralement en additionnant chacun des éléments : « économiquement faibles » est calqué sur *die wirtschaftlich Schwachen ;* « le radio-réveil » sur *der Radiowecker ;* « prince-évêque » sur *Fürstbischof ;* « le pont aérien » sur *die Luftbrücke ;* « le non-fumeur » sur *der Nichtraucher.*

Le calque n'est pas toujours de mise, il constitue alors une erreur de traduction : *das Blaukraut* n'est pas du chou bleu, mais du chou rouge, au demeurant synonyme de *der Rotkohl !*

▶ 4. La traduction littérale

Il arrive que l'on puisse traduire littéralement le texte allemand, mot pour mot, en gardant parfois même l'ordre des éléments.

Die Unternehmer haben heutzutage Bedarf an qualifizierten Arbeitskräften (Les chefs d'entreprise ont de nos jours besoin de main-d'œuvre qualifiée).

Le plus souvent, la traduction littérale ne peut être conservée et le mot à mot sera sanctionné ; l'échelle de gravité sera la suivante : 1) expression gauche, maladroite en français ; 2) syntaxe incorrecte ; 3) autre sens en français ; 4) charabia, pas de sens.

② Les traductions obliques

La correspondance terme à terme entre le français et l'allemand n'est pas toujours possible ; il faut alors recourir à la traduction oblique, c'est-à-dire à la recherche d'une structure qui équivaut seulement dans son ensemble à la phrase allemande ; on est même parfois obligé d'interpréter le texte à traduire.

▶ 1. La transposition

Le traducteur joue sur les catégories grammaticales (nom-adjectifverbe-adverbe), en les modifiant, voire en les permutant en français (« chassé-croisé »). Un verbe peut être rendu par un nom et vice versa, un adverbe par un verbe et ainsi de suite.

a) La permutation adverbe/verbe

- *Er schwimmt* ***gerne*** — Il **aime** nager

  adv. → verbe
- *Er reitet* ***lieber*** — Il **préfère** l'équitation
- *Er sprach* ***weiter*** — Il **continua** de parler
- *Er ist* ***längst*** *nicht so klug wie sein Bruder*

Il **s'en faut** qu'il soit aussi intelligent que son frère.

b) La permutation participe/nom

- *Tendenz* ***steigend*** — Tendance à la **hausse**
- *Rauchen* ***verboten*** — **Défense** de fumer
- *Frisch* ***gestrichen*** — **Attention** à la peinture

c) La permutation adjectif/nom

- *Wie* ***alt*** *bist du ?* — Quel **âge** as-tu ?
- *Wie* ***lange*** *dauert die Sitzung ?*

Combien de **temps** dure la réunion ?

d) Les chassés-croisés

- *Nehmen Sie* ***China als Beispiel***

Prenez **l'exemple de la Chine.**

- *Geh mir aus der Sonne !*

Ôte-toi de mon soleil !

- *Der Fischer klopft dem Touristen beruhigend auf die Schulter* (Heinrich Böll).

Le pêcheur tranquillise le touriste en lui tapotant sur l'épaule.

▶ 2. La modulation

Lorsque, dans le passage d'une langue à l'autre, il y a changement de point de vue et donc traduction oblique, on parle de modulation.

a) Renversement de point de vue

- *der Mitraucher* : le fumeur passif ;
- *der Geldautomat* : le distributeur de billets ;
- *der Gebrauchtwagen* : la voiture d'occasion ;
- *die Parkuhr* : le parcmètre ;
- *die Lebensgefahr* : danger de mort.

b) La modulation sensorielle
Par exemple variation des couleurs :
– *Blaukraut* : chou rouge ;
– *Goldfisch* : poisson rouge ;
– *blaue Trauben* : raisin noir.
c) La modulation géographique
– *Meißner Porzellan* : porcelaine de Saxe (région qui englobe Meißen).
On ne peut traduire littéralement certains blocs constitués d'un adjectif et d'un nom lorsqu'il s'agit d'ensembles figés dans les deux langues :
– *eine harte Währung* : une monnaie forte ;
– *Vorsicht, bissiger Hund* : attention, chien méchant.

► 3. L'équivalence

Beaucoup d'idiomatismes, de proverbes donnent lieu à une traduction plus éloignée encore de l'allemand, on parle alors d'équivalences.
– *Betreten auf eigene Gefahr* : À vos risques et périls.
– *Sie hat nicht alle Tassen im Schrank* : Elle a une case en moins.
– *Das ist für uns keine Frage* : Cela va sans dire.
– *Was hilft's ?* : À quoi bon ?

3 Les autres choix de traduction

► 1. La simplification

• Certaines particules modales ne se traduisent généralement pas : *denn, noch, schon, mal, halt* :
– *Das Leben ist halt mal so* : C'est la vie.
Les pronoms d'annonce ne se traduisent pas non plus.
– *Er hat* ***es*** *geschafft, pünktlich anzukommen.*
Il a réussi à arriver à l'heure.
– *Sie konnten* ***deshalb*** *hohe Gewinne erzielen, weil sie neue Maschinen angeschafft haben.*
Ils ont pu réaliser d'importants bénéfices parce qu'ils ont acheté de nouvelles machines.
• L'allemand est très friand d'expressions géminées redondantes et comportant fréquemment une assonance ou une allitération. On en simplifiera la traduction en français pour éviter les pléonasmes :
– *fix und fertig* : épuisé ;
– *einzig und allein* : uniquement ;

– *schlicht und einfach* : tout simplement ;
– *an Ort und Stelle* : sur place.
• Autre exemple de simplification. *Haltet den Dieb !* : Au voleur !

▶ 2. L'amplification

• L'étoffement des conjonctions, des prépositions, des indéfinis neutres *(einiges, manches, ...)* par un nom, un verbe, un adjectif ou un participe en français.
– ***Allein*** *1994* : Pour la **seule** année 1994
– *Kühlschränke* ***mit*** *FCKW* : des réfrigérateurs **contenant** des CFC.
– *die Forderungen* ***nach*** *einer Erhöhung der Subventionen* ***für*** *die Universitäten* : les revendications **concernant** l'augmentation des subventions **allouées** aux universités.
– *In Deutschland, dem Land von Goethe und Schiller, können bis zu vier Millionen Menschen* ***über*** *15 Jahre weder lesen noch schreiben (Der Spiegel)* : En Allemagne, le pays de Goethe et de Schiller, près de quatre millions d'individus **âgés de plus** de quinze ans ne savent ni lire ni écrire.
• Dans la correspondance officielle ou commerciale, la formule finale lapidaire des lettres allemandes doit être étoffée dans la traduction française :
– *Mit freundlichen Grüßen* : Je vous prie d'agréer, Madame/Monsieur, l'expression de mes salutations distinguées.
– *Hier fehlt noch* ***einiges :*** il manque encore **quelques éléments**.

▶ 3. L'explicitation

On est parfois obligé de recourir en français à une périphrase pour expliquer un phénomène qui relève de la civilisation allemande.
– *die Wende* : le tournant de 1989.
Certains mots sont réputés « intraduisibles » : ce sont toutes les expressions figées qui relèvent de l'histoire nationale, recèlent des connotations, des allusions à un fonds culturel commun.
– *die Wendehälse* (les torcols) désignent par métaphore les opportunistes qui retournèrent leur veste à la chute du régime est-allemand ;
– *das Gemüt* : le cœur ou l'âme ;
– *die Gemütlichkeit* : la bonne humeur, la convivialité ;
– *der Schülerlotse* : un élève qui règle la circulation à l'entrée et à la sortie de son école ;

– *mitschunkeln* : se balancer en groupe au rythme de la musique populaire ;
– *der zweite Weihnachtstag* : le lendemain de Noël, jour férié en Allemagne ;
– *der Osterhase* : le lièvre de Pâques.

4 Recommandations pour la traduction

Vous devez lire et relire le texte plusieurs fois en entier. Puis découpez le texte en unités de traduction. C'est à la fois un moyen d'explorer méthodiquement le texte, d'éviter de survoler et de traduire à l'estime, et de vérifier a posteriori que l'on n'a rien oublié, que l'on a bien traduit tous les éléments.

5 La hiérarchie des fautes

▶ 1. Les erreurs de compréhension

Le non-sens et les omissions (les « blancs ») sont très lourdement pénalisés. L'évaluation de la traduction se fait en effet par séquences auxquelles est attribué un crédit de points. Ne négligez pas les petits mots, notamment les adverbes intensificateurs. Viennent ensuite par ordre de gravité le contresens (traduction incorrecte qui dénature la pensée de l'auteur), le faux-sens (erreur de vocabulaire, emploi d'un terme inexact), la sur-traduction (interprétation du texte) et la sous-traduction (mot général ou vague).

▶ 2. Les fautes de français

Il ne faut pas oublier que la version est aussi un exercice d'expression en langue française. Les fautes sont par ordre décroissant de gravité le charabia, qui sera lourdement sanctionné par les correcteurs, le barbarisme (mot inexistant en français, inventé ou estropié), le solécisme (faute de syntaxe), les tournures maladroites.
Révisez notamment les formes de passé simple en français.

◆◆◆ APPLICATION ◆◆◆

1 Les traductions littérales

1. *Comment dit-on en français ?*
Hamburg – Köln – Berlin – Napoleon – Lissabon – Prometheus – die

Ostsee – der Bodensee – die Weser – Göttingen – Heidelberg – die Ukraine – Wien – Stockholm.

2. *Quels sont les mots d'origine anglaise que vous traduiriez ?*
die City – der Clown – der Cocktail – der Commonwealth – der Computerfreak – der Diskjockey – der Lift – das Lifting – das Model – das Popcorn – der Swimmingpool – das Teleshopping – das Videorecorder – der Werbespot.

2 Les traductions obliques

Relevez les différents procédés de traduction utilisés dans la traduction du passage suivant : traduction littérale, transposition (nom-verbe, adjectif-nom, participe présent ou passé-nom, préposition-verbe), modulation.

Das Rad an meines Vaters Mühle brauste und rauschte schon wieder recht lustig, der Schnee tröpfelte emsig vom Dache, die Sperlinge zwitscherten und tummelten sich dazwischen. Ich saβ auf der Türschwelle und wischte mir den Schlaf aus den Augen. Mir war so recht wohl in dem warmen Sonnenscheine. Da trat der Vater aus dem Hause ; er hatte schon seit Tagesanbruch in der Mühle rumort und die Schlafmütze schief auf dem Kopfe, der sagte zu mir : » Du, Taugenichts ! Da sonnst du dich schon wieder und dehnst und reckst dir die Knochen müde, und läβt mich alle Arbeit allein tun. «

Eichendorff, *Aus dem Leben eines Taugenichts.*

La roue du moulin de mon père avait repris de plus belle bruissements et murmures joyeux, la neige, goutte à goutte, se dépêchait de tomber du toit, les moineaux gazouillaient et sautillaient à l'entour ; assis sur le seuil de la porte, je frottais mes yeux pour en chasser le sommeil ; je savourais délicieusement la chaude lumière du jour. C'est alors que mon père sortit de chez nous ; dès le point du jour il avait fait son vacarme au moulin, et, son bonnet de nuit de travers sur la tête, il me dit : « Propre à rien ! te voilà encore à te prélasser au soleil ; tu t'allonges et t'étires à te rompre les os et tu me laisses faire seul tout le travail. »

Eichendorff, *Scènes de la vie d'un propre à rien,*
traduit par Paul Sucher, Éditions Aubier.

3 Les autres procédés de traduction

Comparez le texte suivant et sa traduction. Soulignez les passages qui ont donné lieu à une amplification ou une explicitation.

Es regnet. Hunderte von Menschen stehn vor der Kirche, im Dunkeln, schweigend. Die Erwartung der Masse teilt sich mir mit. Zwölf Glockenschläge. Das Kirchenportal öffnet sich, der Priester psalmodiert laut : Christ ist erstanden ! – Er ist wirklich erstanden ! rufen einzelne, dann ruft es die ergriffene Menge. In einer Minute sind alle Kerzen entzündet. Singend bewegt sich die Menge aus der Kirche, der geschmückte Altar, den wir nicht sehen können, wird vor ihr hergetragen, durch die Stadt, zum Marktplatz hin, wo er neben dem Altar der anderen Kirche bestehen muß.

Christa Wolf, *Kassandra. Voraussetzungen einer Erzählung.*
© 1992, Luchterhand Literaturverlag GmbH, Frankfurt.

Il pleut. Des centaines de personnes sont rassemblées devant l'église, dans l'obscurité, en silence. L'attente de la foule commence à me gagner. Douze coups de cloche. Le portail de l'église s'ouvre, le prêtre psalmodie d'une voix forte : Christ est ressuscité ! – Il est vraiment ressuscité ! s'écrient quelques-uns, puis toute la foule émue répète ces paroles. En une minute, toutes les bougies sont allumées. En chantant, la foule se met en marche et s'éloigne de l'église, l'autel décoré que nous ne pouvons pas voir est porté en tête du cortège à travers la ville, jusqu'à la place du marché où il doit prendre position à côté de l'autel de l'autre église.

(traduit par Alain Lance, Éditions Alinéa, 1985).

4 Conseils de traduction

Voici un texte et sa traduction. Soulignez et numérotez de part et d'autre les unités de sens correspondantes.

Im Gartenhaus tauchten zwei Frauen auf, eine Parketteriebesitzerin und deren Tochter, ein langgewachsenes, sommersprossiges Mädchen, beide aus der nächsten Nachbarschaft. Mit diesen Frauen und seiner eigenen fing Tobler ein im ganzen Lande verbreitetes und beliebtes Kartenspiel an.

Robert Walser, *Der Gehülfe,* Frankfurt : Suhrkamp, 1976.

Dans le pavillon, deux femmes apparurent, la propriétaire d'une fabrique de parquets et sa fille, une gamine allongée, semée de taches de rousseur, qui habitaient toutes deux dans le proche voisinage. Avec ces femmes et la sienne, Tobler commença un jeu de cartes très répandu et apprécié dans tout le pays.

(traduction de Walter Weideli, Lausanne : Éditions l'Âge d'Homme, 1974).

5 Les fautes

Le texte suivant a été traduit par un élève. Repérez les expressions mal traduites et reportez-les dans un tableau à plusieurs entrées : calques, contresens, faux-sens, surtraductions, blancs et autres sous-traductions. Proposez ensuite une version remaniée.

Eine relative Mehrheit von 44 Prozent der Österreicher spricht sich in einer repräsentativen *market*-Umfrage gegen die Einführung einer gemeinsamen europäischen Währung aus. Einem Drittel der Befragten ist dieser Plan egal, nur 22 Prozent deklarieren sich als Befürworter. Und auch in dieser Minderheit ist jeder Dritte der Meinung, daβ neben der neuen Euro-Währung der Schilling erhalten bleiben sollte.

Conrad Seidl, d'après *Vocable,* 14.12.1995 (aus *Der Standard*).

Traduction à corriger

Une majorité relative de 44 % des Autrichiens se prononce dans un sondage représentatif du *Market* contre l'importation d'une monnaie européenne unique. Un tiers des questionnés a déclaré que ce projet lui était égal, contre 22 % se déclarant partisans.

Et aussi dans cette minorité, un tiers de l'opinion pense qu'à côté de la nouvelle monnaie européenne, le schilling devrait rester élevé.

Corrigé

1 Les traductions littérales

1. Hambourg – *Köln :* Cologne – Berlin – Napoléon – *Lissabon :* Lisbonne – *Prometheus :* Prométhée – *die Ostsee :* la mer baltique – *der Bodensee :* le lac de Constance – *die Weser :* la Weser – *Göttingen :* Göttingen – Heidelberg – *die Ukraine :* l'Ukraine – *Wien :* Vienne – Stockholm.

2. *die City :* le centre-ville, le quartier des affaires de Londres – *der Computerfreak :* le passionné d'ordinateur – *der Lift :* l'ascenseur – *das Model :* le mannequin – *der Swimmingpool :* la piscine – *das Teleshopping :* le télé-achat – *der Videorecorder :* le magnétoscope – *der Werbespot :* le spot publicitaire.

2 Les traductions obliques

• Calque, traduction littérale

– *Taugenichts !*/Propre à rien !

– *Das Rad an meines Vaters Mühle*/La roue du moulin de mon père ; *die Sperlinge zwitscherten und tummelten sich dazwischen*/les moineaux gazouillaient et sautillaient à l'entour ;
– *er hatte schon seit Tagesanbruch in der Mühle rumort und die Schlafmütze schief auf dem Kopfe, der sagte zu mir*/dès le point du jour il avait fait son vacarme au moulin et, son bonnet de nuit de travers sur la tête, il me dit ;
– *und läßt mich alle Arbeit allein tun*/tu me laisses faire seul tout le travail.

• Transposition

– Verbe-nom

brauste und rauschte schon wieder recht lustig/avait repris de plus belle bruissements et murmures joyeux ;
der Schnee tröpfelte emsig vom Dache/la neige, goutte à goutte, se dépêchait de tomber du toit.

– Verbe-participe

Ich saß auf der Türschwelle/assis sur le seuil de la porte

– Adverbe-verbe

der Schnee tröpfelte emsig vom Dache/la neige ... se dépêchait de tomber du toit ; *schon wieder*/avait repris.

• La modulation

Mir war so recht wohl in dem warmen Sonnenscheine/je savourais délicieusement la chaude lumière du jour ; *Da trat der Vater aus dem Hause*/C'est alors que mon père sortit de chez nous.

3 Les autres procédés de traduction

Es regnet. Hunderte von Menschen **stehn** vor der Kirche, im Dunkeln, schweigend. Die Erwartung der Masse teilt sich mir mit. Zwölf Glockenschläge. Das Kirchenportal öffnet sich, der Priester psalmodiert laut : Christ ist erstanden ! – Er ist wirklich erstanden ! rufen einzelne, dann ruft es die ergriffene Menge. In einer Minute sind alle Kerzen entzündet. Singend bewegt sich die Menge aus der Kirche, der geschmückte Altar, den wir nicht sehen können, wird vor ihr hergetragen, durch die Stadt, zum Marktplatz hin, wo er neben dem Altar der anderen Kirche **bestehen** muß.

Christa Wolf, *Kassandra. Voraussetzungen einer Erzählung.*

Les expressions soulignées dans ce passage sont des exemples d'amplification de la traduction, les expressions en gras des exemples d'explicitation.

Il pleut. Des centaines de personnes **sont rassemblées** devant l'église, dans l'obscurité, en silence. L'attente de la foule commence à me gagner. Douze coups de cloche. Le portail de l'église s'ouvre, le prêtre psalmodie d'une voix forte : Christ est ressuscité ! – Il est vraiment ressuscité ! s'écrient quelques-uns, puis toute la foule émue répète ces paroles. En une minute, toutes les bougies sont allumées. En chantant, la foule se met en marche et s'éloigne de l'église, l'autel décoré que nous ne pouvons pas voir est porté en tête du cortège à travers la ville, jusqu'à la place du marché où il doit **prendre position** à côté de l'autel de l'autre église.

4 Conseils de traduction

Im Gartenhaus (1) *tauchten zwei* (2)	Dans le pavillon (1), deux femmes (2)
Frauen auf, (2) *eine Parketteriebesitzerin* (3) *und deren Tochter,* (4)	apparurent (2), la propriétaire d'une fabrique de parquets (3) et sa fille (4),
ein langgewachsenes, sommersprossiges Mädchen, (5)	une gamine allongée, semée de taches de rousseur, (5)
beide aus der nächsten Nachbarschaft. (6)	qui habitaient toutes deux dans le proche voisinage. (6)
Mit diesen Frauen und seiner eigener (7)	Avec ses femmes et la sienne, (7)
fing Tobler (8)	Tobler commença (8)
ein im ganzen Lande verbreitetes und beliebtes Kartenspiel an. (9)	un jeu de cartes très répandu et apprécié dans tout le pays. (9)

5 Les fautes

Contresens	Calques	Sous-traductions
– l'importation : *die Einfuhr ; die Einführung :* l'introduction – élevé *erhalten :* conserver.	– questionnés : **des personnes interrogées** – leur était égal : **sont indifférents** – aussi : même	*market* Il faut expliciter : de la revue *market*

Traduction possible

Une majorité relative de 44 % des Autrichiens se prononce, dans un sondage représentatif commandé par la revue *Market*, contre l'introduction d'une monnaie commune européenne. Un tiers des personnes interrogées est indifférent à ce projet, seulement 22 % l'approuvent. Et même dans cette minorité, une personne sur trois pense que l'on devrait conserver le schilling à côté de la nouvelle monnaie européenne.

EXERCICES

Exercice 6

Comparez le texte suivant, qui relate des souvenirs d'enfance, et sa traduction. Surlignez de part et d'autre en trois couleurs différentes les traductions littérales, les traductions obliques et les autres procédés de traduction.

In der Bismarckschule muβte ich das Einmaleins noch einmal lernen, das ich schon konnte, in der Benediktinerschule ging ich zum Religionsunterricht, um dann nicht konfirmiert zu werden, immer am Nachmittag, mit einem Mädchen aus einer anderen Klasse ; der junge Vikar soll einen Kopfschuβ gehabt haben, der alte Dechant war streng, schnurrbärtig und hielt Fragen für unreif. Das Ursulinengymnasium hat jetzt eine verschlossene Tür, an der ich noch einmal gerüttelt habe. Im Café Musil habe ich vielleicht doch nicht das Stück Torte nach der Aufnahmsprüfung bekommen, aber ich möchte es bekommen haben und sehe mich mit einer kleinen Gabel eine Torte zerteilen. Am Anfang der Seepromenade des Wörthersees, nicht weit von der Dampferstation, bin ich zum erstenmal geküβt worden.

Ingeborg Bachmann, *Malina,* Frankfurt : Suhrkamp Verlag, 1971.

J'ai dû réapprendre à l'école Bismarck le livret que je savais déjà, je suis toujours allée au catéchisme (d'ailleurs sans être confirmée plus tard) l'après-midi, avec une fille d'une autre classe ; le jeune vicaire avait une balle dans la tête, le vieux directeur était sévère, moustachu, et taxait toute question d'enfantillage. La porte du gymnase des Ursulines était maintenant fermée, je l'ai secouée encore une fois en vain. Au café Musil, il se peut que je n'aie pas eu ma tranche de gâteau après l'examen d'admission, mais je voudrais l'avoir eue, je me revois la coupant avec une petite fourchette. Au début de la promenade du Wörthersee, non loin du débarcadère des bateaux à vapeur, j'ai été embrassée pour la première fois.

(traduit de l'allemand par Philippe Jaccottet, © Éditions du Seuil, 1973).

Corrigé p. 242

Exercice 7

La lettre suivante est tirée du roman épistolaire de Goethe, *Les Souffrances du jeune Werther*. Deux traductions différentes vous sont proposées. Recherchez les unités de sens d'un texte à l'autre et numérotez-les.

Am 10. Mai.

Eine wunderbare Heiterkeit hat meine ganze Seele eingenommen, gleich den süβen Frühlingsmorgen, die ich mit ganzem Herzen genieβe. Ich bin allein und freue mich meines Lebens in dieser Gegend, die für solche Seelen geschaffen ist wie die meine. Ich bin so glücklich, mein Bester, so ganz in dem Gefühl von ruhigem Dasein versunken, daβ meine Kunst darunter leidet. (...)

Le 10 mai.

Une merveilleuse sérénité a pris possession de toute mon âme, à l'égal de ces douces matinées de printemps, que de tout cœur je goûte. Je suis seul, et me réjouis de vivre en cette contrée, créée pour des âmes comme la mienne. Je suis si heureux, mon très cher, si absorbé dans ce sentiment de calme existence que ma production artistique en souffre.

Goethe, *Les Souffrances du jeunes Werther,*
traduit par H. Buriot barsiles, Éditions Aubier.

10 mai.

Il règne dans mon âme une étonnante sérénité, semblable à la douce matinée de printemps dont je jouis avec délice. Je suis seul, et je goûte le charme de vivre dans une contrée qui fut créée pour des âmes comme la mienne. Je suis si heureux, mon ami, si abîmé dans le sentiment de ma tranquille existence que mon talent en souffre.

Goethe, *Les souffrances du jeune Werther,* traduit par Bernard Groethuysen,

Corrigé p. 243

CHAPITRE 6

COMPÉTENCE LINGUISTIQUE

Remarques générales

Au bac, on vérifie votre connaissance de la grammaire et des difficultés de la langue à travers une palette d'exercices : exercices de réécriture, de substitution (former des subordonnées, remplacer un groupe prépositionnel par une subordonnée), de transformation (mettre au passif, au discours indirect, emploi des temps et des modes), exercices lacunaires (à trous), à compléter soit par des désinences, soit par des unités lexicales, QCM grammatical, thème d'imitation.
Les concepteurs des sujets proposent de moins en moins d'exercices mécaniques et davantage d'exercices plus subtils qui font appel au sens sans donner de directives grammaticales précises – le point de grammaire n'est pas évoqué formellement – et d'exercices polyvalents (exercices de closure) où sont mêlées questions de vocabulaire et questions de grammaire.

MÉTHODE

MODALITÉ, MODALISATION ET EMPLOI DES MODES

La modalisation permet au locuteur de nuancer une assertion, c'est-à-dire d'exprimer soit un doute, soit un jugement de valeur.

1 La modalité

Par « modalité », on entend une relation entre le sujet et une action (quelqu'un peut, doit, souhaite, etc, faire quelque chose).

▶ 1. Les verbes de modalité

Voir la troisième partie : Grammaire.

▶ 2. Autres expressions verbales ayant un sens modal

– *wissen zu* avoir l'art/l'adresse/l'énergie de
– *es verstehen zu* faire qqch, réussir à faire qqch

– *es fertigbringen zu*	
– *imstande sein zu*	être capable, pouvoir
vermögen zu	
– *haben zu*	avoir à faire qqch
– *sein zu*	devoir être
– *nicht umhin können zu*	ne pas pouvoir s'empêcher de
– *brauchen zu* (après négation)	ne pas être obligé de
– *drohen zu*	risquer de
– *versprechen zu*	promettre de (devenir)
– *suchen/versuchen zu*	essayer de
– *vorhaben zu*	avoir l'intention de

2 La modalisation

La « modalisation » exprime un jugement sur l'origine et la valeur d'une affirmation : celle-ci est-elle probable, possible, le résultat d'une déduction logique ou transmise par ouï-dire ?

• Les verbes de modalité peuvent servir à exprimer ces nuances. *Jemand muß den Spion gewarnt haben, sonst wäre er nicht plötzlich verschwunden* (Quelqu'un a dû prévenir l'espion, sinon il n'aurait pas disparu subitement).

• Outre les verbes de modalité, l'allemand emploie également un certain nombre de tournures verbales et d'adverbes comme modalisateurs de l'énonciation. Les tableaux ci-dessous recensent les équivalences sémantiques entre ces différentes possibilités.

▶ 1. Juger le degré de probabilité d'une assertion

Verbes introducteurs	Verbes de modalité	Adverbes modalisateurs
QUASI-CERTITUDE – *ich bin überzeugt, daß ...* – *ich bin sicher, daß ...*	– *er muß* (il doit) ... – *er müßte* (il devrait) ...	– *bestimmt* (certainement) – *gewiß* (à coup sûr) – *sicher* (sûrement) – *ohne Zweifel* (sans doute)
PROBABILITÉ – *ich denke, daß ...* – *ich finde, daß ...* – *ich glaube, daß ...*	– *er wird* (wohl) ... – *er dürfte* (il est probable que, je pense que)	– *höchstwahrscheinlich* (très probablement) – *wahrscheinlich* (vraisemblablement)

– *ich habe den Eindruck, daß ...* – *es ist zu vermuten, daß* – *scheinen zu* + infinitif		– *vermutlich* (probablement) – *scheinbar, anscheinend* (apparemment)
POSSIBILITÉ – *ich nehme an, daß* – *es ist möglich, daß*	– *er kann* – *er könnte* – *er mag* (il se peut que, il se pourrait)	– *vielleicht* (peut-être) – *möglicherweise* (si c'est possible) – *womöglich* (si possible) – *eventuell* (éventuellement)
DOUTE – *ich bezweifle (sehr), daß* – *ich zweifle daran, daß*		– *vielleicht nicht* – *wahrscheinlich nicht* – *sicher nicht*

▶ 2. Jugement sur le degré de réalité ou de vérité d'une assertion

Verbes introducteurs ou verbes de modalité	Adverbes modalisateurs
– *fest steht, daß* – *es ist wahr, daß* – *es stimmt, daß* – *es ist richtig, daß*	– *natürlich* (naturellement) – *freilich* (il est vrai que) – *selbstverständlich* (évidemment) – *wirklich* (réellement) – *in Wirklichkeit* (en réalité)
– *es liegt (klar) auf der Hand, daß* – *es ist nicht zu übersehen, daß* – *es ist naheliegend, daß*	– *offenbar* (apparemment) – *offensichtlich* (de toute évidence) – *bekanntlich* (comme chacun sait)
– *er behauptet, daß* – *er will* (il prétend) – *er soll* (on dit que, il paraît) – *er versichert, daß*	– *angeblich* (soi-disant) – *vorgeblich* (à ce qu'on dit) – *vermeintlich* (prétendument)

▶ 3. Le jugement de valeur

Appréciation affective		Appréciation modale
– *es ist ein Glück, daß* – *es freut mich, daß*	– *zum Glück, glücklicherweise* (heureusement)	– *dummerweise* (bêtement)

	– *Gott sei dank* (Dieu soit loué)	– *freundlicherweise* (gentiment) – *komischerweise* (bizarrement) – *normalerweise* (normalement)
– *ich hoffe, daß*	– *hoffentlich* (espérons que)	– *seltsamerweise* (curieusement) – *(un)vorsichtigerweise* (prudemment, imprudemment)
– *ich bedaure, daß* – *es tut mir leid, daß*	– *unglücklicherweise* (par malheur) – *bedauerlicherweise, leider* (malheureusement)	

3 L'emploi des modes

▶ 1. L'expression du souhait et du regret

On exprime le souhait et le regret aussi bien par **des moyens lexicaux :** *ich bitte Sie,* + infinitive ; *ich richte die Bitte an Sie,* + infinitive – *ich bedaure sehr, daß ... ;* que par des moyens grammaticaux grâce au **subjonctif II :** ***Könntest*** *du ... – Sie* ***würden*** *mir einen großen Gefallen tun, wenn Sie sofort zu mir* ***kämen.***

– Subjonctif II présent : souhait.
– Subjonctif II passé : regret.

▶ 2. L'expression de la condition et de l'hypothèse

De la même façon, on peut formuler une condition ou une hypothèse autant par :

– des **moyens lexicaux :** ***bei*** *schönem Wetter,* ***wenn*** *das Wetter schön ist ; ich frage mich, ob ... – vermutlich ist er ... – ich stelle mir vor, daß ...,*
– que par des **moyens modaux :**
  – Indicatif présent : condition réalisable.
  Wenn du dich beeilst, wirst du sie noch sehen.
  – Subjonctif II présent : hypothèse ou condition non réalisable.
  Wäre ich ein paar Jahre jünger, dann würde ich sie heiraten.
  – Subjonctif II passé : condition non réalisée dans le passé.
  Wäre ich jünger gewesen, dann hätte ich sie geheiratet.

On emploie la forme simple de subjonctif II présent pour les auxiliaires *(ich hätte, ich wäre, ich würde)*, les verbes de modalité *(ich müßte, ich sollte, ich könnte, ich dürfte, ich wollte, ich möchte)* et quelques verbes forts très usuels *(ich ginge, ich käme, ich sähe)*. Pour les autres verbes, on emploie de plus en plus la forme composée avec würde *(ich würde sagen, ich würde singen)*.

4 Le discours rapporté

Le discours indirect est une reproduction modifiée du discours, adaptée au point de vue du narrateur. Le discours indirect est exprimé par une subordonnée (avec position finale du verbe conjugué), introduite par une conjonction *daß, ob*, etc. Les guillemets qui encadrent le discours direct n'ont plus lieu d'être.
– discours direct : *Peter sagt : » Mein Vater ist nicht da «.*
– discours indirect : *Peter sagt, daß sein Vater nicht da ist.*

La conjonction n'est toutefois pas toujours présente. Dans ce cas, l'emploi du subjonctif s'impose comme seule marque explicite du discours indirect.

• Dans la structure sans conjonction, le verbe est en deuxième position. Comme les formes du **subjonctif I** sont en partie identiques à celles de l'indicatif, (voir Grammaire, p. 166), on peut substituer les formes du **subjonctif II** à celles du **subjonctif I.**
Ich sagte, ich ***habe*** *das nicht gewußt.*
Ich sagte, ich ***hätte*** *das nicht gewußt.*

• Lorsqu'on veut rendre une longue séquence au discours indirect, l'emploi du subjonctif I permet de signaler qu'il s'agit bien d'un discours rapporté, sans que l'on soit obligé de répéter le verbe introducteur.

Herr Keller erzählte : » Nach dem Essen ging ich in den Garten. Ich legte mich auf den Rasen und wollte gerade mein Buch aufschlagen, da hörte ich Schreie im Nachbargarten... «
Après le repas, j'allai dans le jardin. Je me couchai sur le gazon et j'étais sur le point d'ouvrir mon livre, lorsque j'entendis des cris dans le jardin voisin.

Herr Keller erzählte, er sei nach dem Essen in den Garten gegangen. Er habe sich auf den Rasen gelegt und gerade sein Buch aufschlagen wollen, da habe er Schreie im Nachbargarten gehört...

◆◆◆ APPLICATION ◆◆◆

1 La modalité

1. *Essayez de dire à peu près la même chose en employant un verbe de modalité.*

a) Ja, es ist notwendig, daβ du mir hilfst.
b) Ihr habt das Recht, eure Meinung zu sagen.
c) Sag mal, hast du die Absicht, mit diesem Kleid ins Theater zu gehen ? Die Leute werden dich auslachen !
d) Er ist nicht fähig, sich eine Stunde allein zu beschäftigen.

2. *Traduisez les phrases suivantes.*

a) Wie wird die Welt in 50 Jahren aussehen ? Das vermag heute niemand zu sagen.
b) Ich ging nicht gleich nach Hause, weil ich noch einige Dinge in der Stadt zu erledigen hatte.
c) Obwohl die Chefin ihren Mitarbeitern auf die Nerven ging, konnten sie nicht umhin, ihre Kompetenz anzuerkennen.
d) Habt ihr vor, in den Ferien nach England zu fahren ?

3. *Réécrivez les phrases de l'exercice précédent. Essayez de dire à peu près la même chose en employant un verbe de modalité.*

2 La modalisation

1. *Traduisez les phrases suivantes.*

a) Sie sieht noch recht jung aus, ist aber schon mit dem Studium fertig. Sie dürfte etwa 24 Jahre alt sein.
b) Der Zeuge will den Angeklagten an diesem Tag in der Stadt gesehen haben.
c) Der Junge mag ja ganz nett sein, aber intelligent ist er nicht.
d) Die Justiz interessiert sich für ihn, denn er soll in illegale Waffengeschäfte verwickelt sein.

2. *Réécrivez les phrases suivantes en employant des verbes de modalité.*

a) Der Mann ist steinreich. Es heiβt, daβ er Milliarden auf seinem Schweizer Konto hat.
b) Es ist unmöglich, daβ du den Autoschlüssel im Restaurant vergessen hast. Wir sind doch hinterher mit dem Wagen nach Hause gefahren !
c) Der Film ist ein biβchen zu lang, da hast du vielleicht recht.

d) Ihr habt mich angerufen, und ich war nicht da ? Ihr habt bestimmt eine falsche Nummer gewählt !

3 L'emploi des modes

Complétez les amorces de phrases.

Es wäre doch gut, wenn
Ich würde vorziehen,
Mir kommt es so vor, als ob
Hättest du kochen gelernt,

4 Le discours rapporté

1. *Transformez au discours indirect.*

a) Ich fragte meinen Bruder : » Kommst du mit mir in die Stadt ? «
b) Herr Meier sagt zu Herrn Schulz : » Ich gebe Ihnen morgen Ihr Geld zurück. «
c) Claudia will von ihrer Mutter wissen : » Wann kommt Vati heute abend ? «
d) Marianne hat mir Sonntagabend gesagt : » Ich habe dich gestern angerufen, aber du warst nicht da. «
e) Marianne hat mir eben gesagt : » Ich bin gestern zu Hause gewesen. «
f) Sabine fragt ihre Eltern : » Kommt ihr zu unserem Theaterabend ? «
g) » Triffst du dich nicht mehr mit Stephan ? « fragte die Mutter. » Mit dem Affen will ich nichts mehr zu tun haben ! « antwortete Ingrid.
h) Karin fragte ihren Freund : » Warum hast du mir nicht gesagt, daß du heute keine Zeit hast ? «

2. *Passez au discours indirect en employant* sollen.

a) Der Kommissar sagt zu dem Polizisten : » Verhaften Sie den Mann ! «
b) Peter sagte zu seinem Freund : » Warte einen Moment ! «
c) Die Direktorin sagte zu ihrer Sekretärin : » Lassen Sie die Herren hereinkommen ! «
d) » Regt euch nicht auf ! « sagte der Junge zu seinen Eltern.

Corrigé

1 La modalité

1. a) Ja, du muβt mir helfen.
b) Ihr dürft eure Meinung sagen.
c) Sag mal, willst du mit diesem Kleid ins Theater gehen ?
d) Er kann sich nicht eine Stunde allein beschäftigen.

2. a) Comment sera le monde dans 50 ans ? Personne n'est aujourd'hui capable de le dire.
b) Je ne suis pas tout de suite rentré chez moi, parce que j'avais encore quelques affaires à régler en ville.
c) Bien que la patronne agaçât ses collaborateurs, ceux-ci ne pouvaient s'empêcher de reconnaître sa compétence.
d) Avez-vous l'intention d'aller en Angleterre pendant les vacances ?

3. a) Wie wird die Welt in 50 Jahren aussehen ? Das kann heute niemand sagen.
b) Ich ging nicht gleich nach Hause, weil ich noch einige Dinge in der Stadt erledigen muβte.
c) Obwohl die Chefin ihren Mitarbeitern auf die Nerven ging, muβten sie ihre Kompetenz anerkennen.
d) Wollt in den Ferien nach England zu fahren ?

2 La modalisation

1. a) Elle a encore l'air assez jeune, mais elle a déjà terminé ses études. Elle doit avoir 24 ans.
b) Le témoin prétend qu'il a vu l'accusé ce jour-là en ville.
c) Je veux bien que ce garçon soit sympathique, mais il n'est pas intelligent.
d) La justice s'intéresse à lui : il serait impliqué dans des trafics d'armes.

2. a) Der Mann ist steinreich. Er soll Milliarden auf seinem Schweizer Konto haben.
b) Du kannst den Autoschlüssel nicht im Restaurant vergessen haben. Wir sind doch hinterher mit dem Wagen nach Hause gefahren !
c) Der Film ist ein biβchen zu lang, da magst du recht haben.
d) Ihr habt mich angerufen, und ich war nicht da ? Ihr müβt eine falsche Nummer gewählt haben.

3 L'emploi des modes

Es wäre doch gut, wenn du einen neuen Lehrling anstellen würdest.
Ich würde vorziehen, ihr kämet zu Ostern zu uns.
Mir kommt es so vor, als ob ich schon in dieser Stadt gewesen wäre.
Hättest du kochen gelernt, hättest du uns ein tolles Mittagessen machen können.

4 Le discours rapporté

1. Transformez au discours indirect.

a) Ich fragte meinen Bruder, ob er mit mir in die Stadt kommt/käme/-komme.
b) Herr Meier sagt zu Herrn Schulz, daβ er ihm am nächsten Tag sein Geld zurückgibt/zurückgäbe/zurückgebe/zurückgeben wolle.
c) Claudia will von ihrer Mutter wissen, wann ihr Vater am Abend kommt/komme.
d) Marianne hat mir Sonntag abend gesagt, daβ sie mich am Tag vorher/davor angerufen hat/habe, aber daβ ich nicht da gewesen bin/sei.
e) Marianne hat mir eben gesagt, daβ sie gestern zu Hause gewesen ist/sei.
f) Sabine fragt ihre Eltern, ob sie zu ihrem Theaterabend kommen/kämen.
g) Die Mutter fragte, ob sie sich nicht mehr mit Stephan trifft/treffe. Ingrid antwortete, daβ sie mit dem Affen nichts mehr zu tun haben will/wollte/wolle.
h) Karin fragte ihren Freund, warum er ihr nicht gesagt hat/habe, daβ er an diesem Tag keine Zeit habe/hätte.

2. Passez au discours indirect en employant *sollen.*

a) Der Kommissar sagt zu dem Polizisten, daβ er den Mann verhaften soll/solle. Der Kommissar sagt zu dem Polizisten, er solle den Mann verhaften.
b) Peter sagte zu seinem Freund, daβ er einen Moment warten soll/solle. Peter sagte zu seinem Freund, er sollte einen Moment warten.
c) Die Direktorin sagte zu ihrer Sekretärin, sie solle/sollte die Herren hereinkommen lassen.
d) Der Junge sagte zu seinen Eltern, daβ sie sich nicht aufregen sollen/sollten.

SUJETS ET TYPES D'EXERCICES

L'épreuve du baccalauréat comporte d'autres exercices nombreux et variés qui sont répertoriés dans le tableau de fréquence ci-dessous.

1 Tableau de fréquence des exercices de compétence linguistique

	sessions de 1984 à 1989	sessions de 1990 à 1995
► **1. Syntaxe**		
– conjonctions de subordination	45 %	40 %
– condition, souhait, regret, probabilité (subjonctif II)	29 %	27 %
– discours indirect (subjonctif I)	18 %	17 %
– construction des phrases à partir d'éléments isolés ou en désordre, exercices de reformulation	12 %	19 %
– exercices de transformation adverbe de relation ou groupe prépositionnel/subordonnée conjonctive	12 %	20 %
– modalisateurs, mots de liaison	8 %	15 %
– exercices de synonymie	–	10 %
– négation	2 %	4 %
– interrogatifs	8 %	6 %
– relatifs	25 %	3 %
– pronoms adverbiaux, anaphoriques	8 %	1 %
– prépositions, rection des verbes	4 %	1 %
– infinitive	4 %	1 %
► **2. Morphologie**		
– conjugaison (présent, prétérit, parfait et choix de l'auxiliaire)	37 %	27 %
– passif	23 %	4 %
– impératif	2 %	6 %
– pluriel des noms	2 %	–
– pronoms personnels	6 %	–
► **3. Exercices polyvalents**		
– exercices lacunaires	71 %	95 %
– QCM grammaticaux	8 %	3 %
– Version	47 %	28 %
– Thème, thème guidé	16 %	6 %

Commentaire du tableau

On constate à l'examen du tableau ci-dessus que les exercices « traditionnels », ciblés sur un point grammatical, tendent à décliner au profit d'exercices indifférenciés (tests lacunaires) ou d'exercices de manipulation syntaxique (transformation, réécriture de phrases). Certains « classiques » de la grammaire allemande, comme les relatives ou le passif, ont quasiment disparu. En revanche, les exercices mettant en œuvre le subjonctif I et II tiennent toujours le haut du pavé. Signalons enfin que la partie « compétence linguistique » n'est plus exclusivement grammaticale mais intègre désormais des exercices purement lexicaux comme ceux sur la synonymie.

Cette évolution tend à rendre tout bachotage inopérant et permet de mieux évaluer la maîtrise linguistique réelle des candidats.

2 Les exercices de transformation syntaxique (cf. ch. 15 et 16)

• On vous demande souvent de transformer un groupe prépositionnel en subordonnée.

Ex. : Baccalauréat 1994, sujet de LV1, texte d'après Ruth Klüger : Transformez les compléments circonstanciels soulignés en propositions subordonnées synonymes :

1. *Auf dem Heimweg bekommt ein kleiner Junge von einem Unbekannten Bonbons geschenkt.*
2. *Trotz des Verbots seiner Eltern, von Fremden Geschenke anzunehmen, steckt er die Bonbons in die Tasche.*
3. *Aus Furcht vor der Strafe erzählt er seinen Eltern nichts davon.*

• Il peut s'agir également de transformer une indépendante en subordonnée.

Ex. : Baccalauréat 1985 : Reliez les deux propositions par une conjonction de subordination, en faisant de la première la proposition subordonnée :

Der Leser liest einen Bericht über ferne Länder ; dann hat er Lust dorthin zu fahren.

Wenn der Leser einen Bericht über ferne Länder liest, hat er Lust, dorthin zu fahren.

1. *Er bereiste den Süden ; damals hörte er zufällig eine unwahrscheinliche Geschichte.*
2. *Die Delphine sind gesellige Tiere ; darum begleiten sie oft die Schiffe (...).*

3 Les tests lacunaires

Ce sont des exercices que l'on rencontre dans presque tous les sujets proposés au baccalauréat. Il existe aussi bien des tests lacunaires à dominante lexicale ou morphologique que des tests de closure indifférenciés. Les exercices lacunaires de nature grammaticale, comme les QCM, portent plus particulièrement sur les désinences du groupe nominal (déterminatifs, possessifs, épithètes, masculins faibles, comparatifs et superlatifs), la forme et l'emploi des auxiliaires, les participes et la proposition qualificative, valence des verbes ou des adjectifs, les compléments de lieu et de temps.

Ex. : Baccalauréat 1995, LV 2, série L, texte de Michael Ende :
Complétez le texte suivant par les mots … ou les désinences (…) qui conviennent (en respectant le sens du texte).
Nachdem der Agent weggefahren …, ging Herr Fusi an d… Arbeit ; er … mit dem erst … Kund … viel weniger Zeit als früher. Auch die ander… Menschen behandelte er auf diese Weise (…).

◆◆◆ APPLICATION ◆◆◆

1 Exercices de compétence linguistique : exercices de synonymie

Retrouvez dans le texte » Karl will seine Bücher verkaufen « *(p. 76) les expressions idiomatiques correspondantes.*

– macht einen chaotischen Eindruck.
– Ich verzichte auf die Prüfung.
– Ich fange morgen an.
– Es ist Unsinn.
– Das hat eine groβe Wirkung.

2 Les exercices de transformation syntaxique

Transformez les groupes prépositionnels soulignés en subordonnées.

1. <u>Wegen des Schnees</u> konnten wir nicht zur Arbeit gehen.
2. <u>Vor dem Abitur</u> müssen die Schüler hart arbeiten.
3. <u>Trotz meiner schwachen Gesundheit</u> treibe ich viel Sport.
4. <u>Bei meinem Aufenthalt in London</u> habe ich viele Leute kennengelernt.
5. <u>Nach meinem Gespräch mit dem Direktor</u> wurde ich angestellt.

3 Tests lacunaires

Berlin, Gormannstraβe (cf. texte p. 000)

… einem regnerischen Tag geht ein … mit seiner Mutter … der Tante Lucie, … in der Gormannstraβe wohnt. Auf dem Weg … sie einen zwölfjährigen Juden, der Angst vor … zu haben scheint. Der deutsche Junge fragt … Mutter, was ein Jude ist und … man einen Juden erkennt, … die Mutter gibt … nur ausweichende Antworten.

Sie kommen … Tante Lucie an, die krank aus … und mit der Mutter flüstert, … jemand sie hören könnte. Im Korridor … ihr Mantel mit dem … Stern. Zwei Wochen … wollen der Junge und seine Mutter Lucie noch einmal besuchen und ihr etwas … essen bringen. Aber Lucie ist nicht mehr da, sie ist am vorigen Tag von den Nazis … worden, sagt ein …, der bösartig lacht. Die Mutter … .

Corrigé

1 Exercices de compétence linguistique

– … macht einen chaotischen Eindruck : … in … siehtes bunt aus.
– ich verzichte auf die Prüfung : » Auf mein Examen pfeife ich «.
– Ich fange morgen an : » Morgen geht's los «.
– Es ist Unsinn : » Das ist alles Quatsch ! «.
– Das hat eine groβe Wirkung : » Das zieht hin «.

2 Exercices de transformation syntaxique

1. Weil/Da es schneite, konnten wir nicht zur Arbeit gehen.
2. Bevor die Schüler das Abitur machen, müssen sie hart arbeiten.
3. Obwohl ich eine schwache Gesundheit habe, treibe ich viel Sport.
4. Als ich in London war, habe ich viele Leute kennengelernt.
5. Nachdem ich mit dem Direktor gesprochen hatte, wurde ich angestellt.

3 Tests lacunaires

Berlin, Gormannstraβe

An einem regnerischen Tag geht ein **Junge** mit seiner Mutter **zu** der Tante Lucie, **die** in der Gormannstraβe wohnt. Auf dem Weg **treffen** sie einen zwölfjährigen Juden, der Angst vor **ihnen** zu haben scheint. Der deutsche Junge fragt **seine** Mutter, was ein Jude ist und **woran** man einen Juden erkennt, **aber** die Mutter gibt **ihm** nur ausweichende Antworten.
Sie kommen **bei** Tante Lucie an, die krank aus**sieht** und mit der Mutter

flüstert, **als ob** jemand sie hören könnte. Im Korridor **hängt** ihr Mantel mit dem **gelben** Stern. Zwei Wochen **später** wollen der Junge und seine Mutter Lucie noch einmal besuchen und ihr etwas **zu** essen bringen. Aber Lucie ist nicht mehr da, sie ist am vorigen Tag von den Nazis **abgeholt** worden, sagt ein **Nachbar,** der bösartig lacht. Die Mutter **weint.**

EXERCICES

Exercice 8

1. Exprimez le discours indirect sans daβ, en employant le subjonctif I.

Er sagt, daβ er kommen will. → Er sagt, er wolle kommen.

a) Wir glaubten, daβ sie zu Hause war.

b) Er antwortet, daβ er keine Lust hat, so früh aufzustehen.

c) Der Lehrer meint, daβ der Junge im Unterricht gut mitmacht.

d) Mein Vater behauptet, daβ er ein guter Schüler gewesen ist.

e) Der Deutschlehrer hat mir gesagt, daβ du oft unaufmerksam bist.

2. Passez au discours indirect.

a) Peter fragt Klaus : » Bist du fertig ? « (subjonctif I)

b) Die Mutter sagt zu ihrem Sohn : » Geh zum Bäcker und kauf ein Schwarzbrot « (subjonctif I).

c) Birgit will wissen : » Vati, wieviel Geld verdienst du im Monat ? «

d) Der Vater fragt Angelika ärgerlich : » Warum kommst du so spät nach Hause ? « (subjonctif I)

e) Der Bundeskanzler fragt den Minister ungeduldig : » Wie lange muβ ich noch auf den Bericht warten ? « (subjonctif I)

f) » Sagen Sie mir endlich, was Sie gestern abend gemacht haben ! « ruft der Kommissar drohend. (subjonctif I)

g) Ich frage den Verkäufer : » Darf ich mir den Apparat ansehen ? «

Corrigé p. 244

Exercice 9, Transformation syntaxique

Remplacez la subordonnée par un groupe prépositionnel, puis par un adverbe ayant la même valeur.

1. Während die Eltern nach Australien fahren, bleibt ihre Tochter bei den Groβeltern.
2. Seitdem ich auf das Land gezogen bin, langweile ich mich.
3. Da mein Auto zu alt ist, muβ ich mir ein neues kaufen.
4. Mein Vater ist so schlecht gelaunt, daβ wir alle schweigen.

Corrigé p. 244

Exercice 10, Test lacunaire

Die Nachricht (cf. texte p. 100)

… einem Morgen erfährt die deutsche Bevölkerung aus dem …, daβ … zehn Tagen eine nukleare Katastrophe in der Ukraine …… hat, die viele …… gekostet und große Schäden verursacht hat. Nach einem Augenblick der Empörung und Ratlosigkeit versucht die Erzählerin, … die Ratschläge eines …… im Radio gehört hat, sich zu fassen, und sie telefoniert … ihren Kindern … Berlin, … zu wissen, … es ihnen geht und … sie gehört haben, … zu machen ist : zum …… duschen statt baden, kein frisches Gemüse, keine frische … kaufen. Dann geht die …… ihren gewöhnlichen Beschäftigungen …, und sie merkt, … die anderen Leute im … es wie sie machen. Geschehen ist geschehen, und die einfachen Leute können sowieso …… dagegen machen.

Corrigé p. 244

CHAPITRE 7

L'ÉPREUVE ORALE

Remarques générales

À l'oral, l'examinateur demande au candidat de commenter un document étudié au cours de l'année scolaire parmi une liste de huit à quinze textes. Le candidat doit présenter les documents non annotés en double exemplaire.
Vous disposerez de vingt minutes pour votre préparation : organisez votre exposé, prenez des notes, uniquement des mots et des phrases clés (ne rédigez surtout pas de paragraphes entiers). Entraînez-vous pendant l'année à reconstituer un commentaire à partir d'une liste de mots clés ou d'un canevas.

MÉTHODE

LE DOCUMENT ÉTUDIÉ EN CLASSE

1 Commenter un texte d'auteur

L'examinateur attend généralement du candidat qu'il fasse une brève introduction ou une présentation du texte avant de résumer ce dernier *(Nacherzählen).* La partie maîtresse de votre exposé sera le commentaire, c'est-à-dire l'interprétation de l'implicite du texte *(Interpretieren)* : quels sont l'attitude et la psychologie des personnages, les problèmes soulevés, la littérarité du texte. Enfin, vous n'oublierez pas de conclure en livrant votre impression personnelle sur le texte (pourquoi vous l'avez aimé ou non) ou une appréciation de l'intérêt qu'il peut représenter ; vous pourrez exprimer votre propre point de vue sur la question soulevée par le texte ou la commenter par rapport à l'actualité.

▶ 1. Apprendre à introduire

Indiquez la nature du texte, puis le thème ou l'idée directrice *(Der vorliegende Text handelt von ... Die Hauptpersonen sind ... Die Handlung spielt sich im Jahre ... in ... ab).* Présentez le cas échéant l'auteur et la date de rédaction ou de publication du document. Localisez géographiquement l'action et datez les événements relatés. Pour les textes littéraires, il convient de présenter l'auteur, l'œuvre et l'époque ou le courant littéraire auquel il se rattache *(Vorliegender Textauszug ist dem Roman ... entnommen)*.

▶ 2. Précisez le découpage du texte

Indiquez les parties principales avant d'effectuer le résumé proprement dit. Annoncez le résumé : *Ich werde zunächst den Text zusammenfassen.*

N'omettez pas de signaler la fin du résumé par une transition : *Jetzt gehe ich zum Kommentar über. Im ersten Absatz ... Zeile 15.*

▶ 3. Analysez le déroulement de l'action et ses conséquences

Étudiez la psychologie des personnages, ce qui motive leurs actes, les sentiments qui les animent *(Zur Charakterisierung des Helden kann man sagen, daβ ...)*. Connaissent-ils une évolution ? Quelle est l'intention de l'auteur ? Le texte évoque-t-il des problèmes d'ordre social, politique, religieux, philosophique ?

▶ 4. Annoncez la conclusion

Zusammenfassend läβt sich sagen, daβ ...

② Commenter un poème

▶ 1. Les réseaux d'images

Le texte poétique a une cohérence métaphorique. Il faut identifier les images et étudier leur ramification en réseaux (suivre les recommandations énoncées plus haut, p. 000). Vous devrez accorder une attention particulière à leur distribution dans le poème et mettre à jour leur portée symbolique. Le poème suivant de Goethe, intitulé *Auf dem See,* évoque un paysage de montagne et décrit un mouvement du lointain vers le proche. Les motifs naturels s'assemblent et se croisent sur un double axe vertical *(Sterne – Welle ; Frucht – See)* et horizontal *(Nebel – Ferne ; Wind – Bucht)*. « La récolte qui mûrit » symbolise l'énergie créatrice de l'homme en harmonie avec la nature.

*Auf der **Welle** blinken*	Sur l'onde étincellent
*Tausend schwebende **Sterne,***	Mille étoiles flottantes
*Weiche **Nebel** trinken*	De molles brumes absorbent
*Rings die türmende **Ferne ;***	De tout côté les lointains escarpés ;

*Morgen**wind** umflügelt*	La brise de l'aube enveloppe de son coup d'aile
*Die beschattete **Bucht,***	L'anse pleine d'ombre
*Und im **See** bespiegelt*	Et dans le lac se mire
*Sich die reifende **Frucht.***	La récolte qui mûrit.
(in Werke, Hamburger Ausgabe, Bd. 1).	(trad. par G. Cogniot, Paris. Éd. sociales, 1968).

▶ 2. Le rythme et la versification

À la cohérence métaphorique d'un texte poétique s'ajoute le plus souvent une cohérence structurelle.

• L'usage d'un mètre, par exemple l'alexandrin (vers de 12 syllabes avec deux hémistiches marqués ici par une barre oblique).

Ich muß mein Herze nun/mit Tränen stets begießen :
Ich bin nicht bei mir selbst/wenn ich nicht bin bei ihr.
Ach sollt' ich sehen nur/ihr göttliches Gesicht,
Wie selig wären mir/Gedanken, Mut und Sinn !

(Martin Opitz, « Vom Abwesen seiner Liebsten », in *Gedichte,* Stuttgart : UB Reclam, 1985.)

• Le recours à des répétitions, notamment un refrain ou une anaphore :

Wohin aber gehen wir
ohne Sorge sei ohne Sorge
wenn es dunkel und wenn es kalt wird
sei ohne Sorge (...)

(Ingeborg Bachmann, » Reklame « in Gedichte, München : Piper, 1964.)

• Une tournure syntaxique récurrente, par exemple dans le poème en prose suivant des interdictions sous la forme d'injonctions à l'infinitif.

*Der Frau im Café, die mit ihrem Schoßhund italienisch spricht, **nicht** mit der Frage nach der Uhrzeit ins Wort **zu fallen.** Das aufgeschlagene Knie des Kindes **nicht** mit Ermahnungen **zu verpflastern.** Dem Krüppel **nicht** in Erinnerung **zu rufen,** was das ist, ein Paar neue Schuhe. **Keinen** Liebesbrief **zu schwenken** wie ein loderndes Tuch, wenn ein Entmutigter vorübergeht. Die Bürde des Fehlschlags um ein Gran **zu erleichtern,** oder um zwei. Den Wolf **nicht nur** im Märchen **zu erkennen.** Die ewigen Bündnisse um einen Tag **zu verkürzen.***

(Bernd Jentzsch, » Bittschrift «, in Quartiermachen, München : Hanser, 1978.)

④ Commenter une œuvre d'art

Tableau d'Emil Nolde, » Herr und Dame (Im roten Salon) «, 1911.

1. *Was stellt dieses Bild dar ? (Personen, Ort ...)*
2. *Was sind die Merkmale dieser Malerei ?*
3. *Was möchte der Maler damit zeigen ?*
4. *Dieses Gemälde stammt aus dem Jahr 1911, aus der Zeit des Expressionismus. Was wissen Sie über diese künstlerische Ausdrucksweise ? Kennen Sie andere Maler aus dieser Epoche ?*

1. *Dieses Bild stellt ein Paar und eine Frau in einem Café dar – wahrscheinlich in einer Großstadt. Das Paar sitzt im Vordergrund vor einem Glas Wein. Die andere Frau sitzt im Hintergrund und trinkt auch etwas. Alle Personen sind elegant gekleidet und scheinen aus einem bürgerlichen Milieu zu stammen. Der Mann trägt einen vornehmen Frack, die zwei Frauen aufwendige Hüte, und die Frau auf der rechten Seite im Vordergrund hat sogar eine Federboa um den Hals. Die drei Personen scheinen sich zu langweilen und keinen Kontakt zueinander zu haben.*

2. *Auffallend sind die starken Krontraste dieses Gemäldes. Die maskenhaften Gesichter blicken ins Leere. Die realistische, treue Wiedergabe der Personen ist hier unwichtig, wesentlich ist aber ihr Ausdruck. Der Raum ist auch in grelles Licht getaucht. Man hat den Eindruck einer künstlichen, oberflächlichen Welt.*

3. *Thema dieses Gemäldes ist wie bei anderen Zeitgenossen das Großstadtleben. Die Szene spiegelt den Glanz, aber auch die Leere,* die Hohlheit des Nachtlebens in der Großstadt wider. Es handelt sich wahrscheinlich um die Berliner Kabarette und Nachtlokale, die Nolde während seiner Berliner Aufenthalte besuchte. Mit diesem Bild möchte Nolde einerseits die Künstlichkeit der Lebewelt, andererseits die Einsamkeit des Menschen in einem Amüsierbetrieb zeigen. Die Leere des Blickes, mit der der Herr im Vordergrund vor sich hinstarrt, ist ein Beweis dafür. Nolde will die Kehrseite des Lebens mit seiner Schminke und Oberflächlichkeit deutlich machen.

4. Emil Nolde zählt zu den expressionistischen Malern (Anfang des 20. Jahrhunderts[1].) Inbegriff der expressionistischen Malerei ist die Intensität des Ausdrucks sowie die kraftvolle Farbigkeit. Die Farben sind kühn, kontrastreich. Im Gegensatz zu den Naturalisten, die eine getreue Wirklichkeitswiedergabe erstrebten, steht der Ausdruck, das subjektive Ausdrucksverlangen für die Expressionisten im Vordergrund.

(1. u.a. Nolde, Otto Dix, Kirchner, Schmidt-Rottluff, Heckel, Kokoschka, Barlach.)

◆◆◆ APPLICATION ◆◆◆

1 Commenter un texte d'auteur

Mettez en relation les expressions suivantes utiles pour le commentaire et leur traduction.

Exemple :

In diesem Artikel handelt es sich um das Problem der Obdachlosen.	Dans cet article il est question du problème des SDF.
Der Artikel handelt von einem akuten Problem unserer Zeit.	À l'inverse de lui, je pense que...
Er will uns darauf aufmerksam machen, daß...	Les arguments de l'auteur ne paraissent pas convaincants.
Nun gehe ich zum zweiten Punkt über.	L'article traite d'un problème grave de notre époque.
Der Autor schneidet ein anderes Thema an.	L'auteur se borne à un aspect du problème.

Der Verfasser beschränkt sich auf eine Seite des Problems.	Il veut attirer notre attention sur le fait que ...
Die Argumente des Autors klingen nicht überzeugend.	L'auteur aborde un autre sujet.
Im Gegensatz zu ihm denke ich, daß...	Maintenant je passe au deuxième point.

2 Commenter un poème

Le texte suivant est encore un poème en prose. La structuration métaphorique n'en est pas moins très forte.

1. *Repérez les chaînes lexicales dominantes.*
2. *Interprétez succinctement leur symbolisme* (en français).
3. Commentaire en allemand : *Welches könnte die symbolische Aussage dieser Prosadichtung sein ?*

Die *Wolken* fahren zur *Luft*. Ihre *Hoheit* kennt keine *Grenzen*. Lautlos breiten sie sich aus über dem unteren *Land*. Von oben herab *lauern* sie uns *auf*. Mit ihnen zieht der *kaltblütige Schatten*, ein *Mörder*. Immerzu eine bewegliche *Streitmacht, halten* sie die karierte *Landschaft in Schach*. Aufgrund ihrer nicht erwiesenen Unschuld leiht das junge *Schaf* seinen zarten Namen ihnen. Die *zackigen Blitze* einzig nehmen beständig und *donnernd* Anstoß. Ihr bald schon verlorener Sohn, der *Regen*, verläßt sie beizeiten.

Unter den Wolken, ibid.

Corrigé

1 Commenter un texte d'auteur

Der Artikel handelt von einem akuten Problem unserer Zeit.	L'article traite d'un problème grave de notre époque.
Er will uns darauf aufmerksam machen, daß...	Il veut attirer notre attention sur le fait que...
Nun gehe ich zum zweiten Punkt über.	Maintenant je passe au deuxième point.
Der Autor schneidet ein anderes Thema an.	L'auteur aborde un autre sujet.

Der Verfasser beschränkt sich auf eine Seite des Problems.	L'auteur se borne à un aspect du problème.
Die Argumente des Autors klingen nicht überzeugend.	Les arguments de l'auteur ne paraissent pas convaincants.
Im Gegensatz zu ihm denke ich, daβ...	À l'inverse de lui, je pense que...

2 Commenter un poème

1. Ce court texte est structuré par deux réseaux lexicaux analogiques qui se superposent, le registre météorologique et le registre de la puissance étatique ou militaire.

registre physique et météorologique	registre politique et guerrier
die Wolken	die Hoheit (la souveraineté)
die Luft	die Grenzen
das Land (la terre ferme, le sol)	das Land (le pays)
der Schatten	auflauern (épier)
die Landschaft	kaltblütig (avec sang-froid)
das Schaf (cf. *Schäfchenwolke :* cirro-cumulus)	ein Mörder
die Blitze	eine Streitmacht (forces armées)
donnernd	in Schach halten (tenir en échec)
der Regen	zackig (d'allure militaire)

2. Les nuages sont ici personnifiés. À la violence des éléments naturels répond la violence de l'État militaro-policier omnipotent à l'instar des dieux du ciel (Zeus et ses attributs, la foudre et le tonnerre). Là-dessus se surimposent d'autres métaphores, celle de l'échiquier – vu du ciel, le paysage rural avec ses parcelles morcelées » kariert « ressemble à un jeu d'échecs » das Schachspiel « – et l'image biblique de l'enfant prodigue » der verlorene Sohn «.

3. Dieser Text schildert die Macht der Wolken und der tosenden Naturelemente, wogegen man nicht kämpfen kann. Es erinnert auch an das herkömmliche Bild der Götter, die ihren Zorn im Donner und Blitz ausdrückten. Der Regen ist das Medium einer völligen Reinigung, die Möglichkeit eines neuen Anfangs – vgl. die Parabel von der Rückkehr des verlorenen Sohnes.

MÉTHODE

LE DOCUMENT INCONNU : LE DOCUMENT VISUEL

La seconde partie de l'épreuve orale du baccalauréat consiste dans certaines sections en une interrogation sur un document inconnu. Celui-ci peut être de nature iconographique, sonore ou textuelle. Pour d'autres sections, l'entretien avec l'examinateur se bornera à une discussion d'élargissement à partir du document étudié en classe, voire en une conversation libre dont le document initial fournit l'amorce.
Les documents iconographiques que l'on propose comme support de l'entretien peuvent être de nature très variée. Il peut s'agir d'une illustration, d'une photo, d'une publicité, d'une reproduction de peinture, d'une caricature, d'une histoire sans paroles ou d'un document visuel avec texte ou légende, ou encore de tableaux graphiques (« fromages », histogrammes, etc.).
Quoi qu'il en soit, la démarche d'analyse est similaire d'un document à l'autre et le vocabulaire utile pour la description et le commentaire est sensiblement le même.

1 Fiche d'aide lexicale pour l'analyse d'un document iconographique

▶ 1. Identifiez la nature du document

Das Dokument besteht aus einem Photo, einer Überschrift und einer Legende.Es handelt sich um ein Wahlplakat.
das Bild, -er (l'image) ; *die Abbildung* (illustration)
– ***das Foto,*** *die Aufnahme – ein Farbfoto – ein Schwarzweißfoto ; der Schnappschuß* (l'instantané) – *die Fotomontage – scharf* (net) – *unscharf* (flou) ;
– ***die Karikatur,*** *das Spottbild – die Bildgeschichte, die Bilderfolge, die Comics* (bande dessinée), *der Cartoon – der Karikaturist, der Cartoonist – der Zeichner karikiert die Gesellschaft – lächerlich machen* (ridiculiser) – *eine karikaturistische Übertreibung* (une outrance caricaturale)
– ***die Reklame,*** *die Werbung – das Plakat* (affiche) – *das politische Plakat, das Wahlplakat* (affiche électorale) – *die Wahlpropaganda – der Slogan, -s – eine Werbung für eine Marke – das Plakat wirbt für einen Politiker / für ein neues Waschmittel.*

– ***das Schaubild*** – *die Statistik – die Tabelle – eine graphische Darstellung – die Karte – die Kurve steigt, erreicht einen Höhepunkt, sinkt* (la courbe monte, atteint un point culminant, baisse).

▶ 2. Décrivez le document

beschreiben – schildern (décrire, dépeindre) – *die Beschreibung, die Schilderung* (description) – *ein Bild ansehen, anschauen, betrachten* (regarder une image, un tableau)

• der Bildinhalt

– *WAS ? Auf dem Bild ist ein(e)... zu sehen – Auf dem Bild ist ... dargestellt – das Bild handelt von* + dat. – *es geht um, es handelt sich um* + acc. – *das Bild besteht aus* + dat. (se compose de) – *wir können ... beobachten* (observer) – *da ist ... zu erkennen* (on reconnaît là).

– *WER ? die Person, -en, die Gestalt, -en – der Gesichtsausdruck* (expression du visage) – *der Gesichtszug* (trait du visage) – *eine Grimasse schneiden* (faire une grimace).

– *WANN und WO ? die Szene spielt sich ... ab – das Bild spielt in/auf ... – das Bild stellt eine Szene aus den zwanziger Jahren dar – das Foto stammt aus der Zeit vor dem ersten Weltkrieg.*

• der Aufbau des Bildes, die Komposition

der Mittelpunkt, der Schwerpunkt (le centre) – *der Bildrand* (le bord) – *der Vordergrund* (premier plan), *der Hintergrund* (arrière-plan) – *In der Bildmitte – Am Rand – die obere/untere Hälfte des Bildes* (la partie supérieure/inférieure) – *im Vordergrund sieht man einen Baum – im Hintergrund befindet sich/steht ein Haus – sich vom Hintergrund ab/heben* (se détacher du fond) – *in der Mitte – auf der rechten Seite, rechts – auf der linken Seite, links – auf beiden Seiten – ganz oben – oben ganz rechts – in einer Ecke – in der oberen rechten Ecke – in der untersten linken Ecke – auf der gleichen Ebene wie – auf der rechten Bildhälfte – in der Ferne – abseits.*

▶ 3. Interprétez le document et formulez des hypothèses

• das Verhalten der Gestalten

sich benehmen (se comporter) – *aus/sehen wie – den Eindruck eines ... machen – tun, als ob – sich verstellen* (faire semblant)

• der Bildsinn

das Bild drückt ... aus (exprime) – *etwas anschaulich machen (montrer) – der Zeichner macht uns darauf aufmerksam, daß – er weist darauf hin, daβ* (il montre que) – *das Bild wirkt ironisch, humorvoll – die Komik beruht auf* + datif (le comique réside dans)

▶ 4. Donnez votre avis

• das Verhalten der Gestalten

Ich finde das Bild interessant/langweilig, weil ... – Das Bild gefällt mir (nicht), weil ... – spricht mich an – sagt mir nichts – Ich kann mit diesem Bild nichts anfangen – Was mich an diesem Bild stört, ist ...

◆◆◆ APPLICATION ◆◆◆

Décrivez et commentez le document iconographique suivant.

» Der sonntägliche Spaziergang « von Marunde *(Brigitte)*

Corrigé

Der sonntägliche Spaziergang.
Das vorliegende Bild ist eine Karikatur aus einer deutschen Zeitschrift.

• Beschreibung

Die Szene spielt auf dem Land, auf einem Weg durch Wiesen, in der Nähe eines Dorfes, das man im Hintergrund sieht. Es ist vielleicht in Norddeutschland, in Schleswig-Holstein oder Niedersachsen, denn die Landschaft ist sehr flach und ziemlich eintönig. Auf dem Weg befinden sich sechs Paare Schweine, die einen Spaziergang machen. Sie verhalten sich wie Menschen, gehen auf zwei Beinen, zu zweit wie Ehepaare. Sie tragen Brillen, Handtaschen und lüften ihre Hüte, wie um zu grüßen. Es ist wahrscheinlich Sommer, das Wetter ist schön und der Himmel wolkenlos. Die Denkblase über einem der Schweine zeigt, was es von diesem Sonntagsspaziergang hält : es haßt ihn... Aber die anderen Schweine scheinen Gefallen daran zu haben (das Schwein unten links offenbar nicht, es hat einen recht grimmigen Gesichtsausdruck).

• Kommentar

Was will der Zeichner mit diesem Bild wohl zeigen ? Es handelt sich hier um eine Gewohnheit des traditionellen Familienlebens in Deutschland, die wir in Frankreich nicht in dieser Form kennen : den Sonntagsspaziergang und das darauf folgende Kaffeetrinken. Die Schweine, die je zu zweit um eine eingezäumte Weide (» die Koppel «) spazieren gehen, versinnbildlichen deutsche Ehepaare, die den traditionellen Sonntagsspaziergang vor dem Kaffeetrinken erledigen. Zweck dieses Spazierganges ist es natürlich, an die frische Luft zu gehen, vor allem aber, Leute zu sehen und von Leuten gesehen zu werden. Auf der Karikatur lüften alle männlichen Schweine den Hut, um Bekannte oder die Nachbarn zu grüßen. Alle Schweine sehen zufrieden aus und scheinen nichts gegen diesen sonntäglichen Zwang zu haben bis auf eines, das sich in Gedanken dagegen auflehnt und davon träumt, mit diesem Ritual Schluß zu machen, obgleich es genau weiß, daß es weitermachen wird (aus Liebe zu seiner Frau und aus Respekt vor der Tradition). Diese Szene ist keineswegs übertrieben. Die meisten Deutschen haben die Gewohnheit, am frühen Nachmittag gegen 3 Uhr einen Spaziergang im Wald oder auf dem Lande zu machen, einige Kalorien zu verbrennen und dann gemütlich vor einer Tasse Kaffee und einem riesigen Stück Kuchen in einem Café zu sitzen.
Es ist schwer, mit der Tradition zu brechen, ... wenn jeder Schritt mit einem schönen Stück Kuchen belohnt wird !

EXERCICES

Exercice 11

Relisez soigneusement le texte » Herbstmilch « (p. 86).

1. Rédigez une » Nacherzählung «.

2. Commentez le texte.

Corrigé p. 245

Exercice 12

Lisez attentivement le poème suivant du poète baroque Andreas Gryphius (1616-1664).

An eine Geschminkte

Was ist an Euch, das Ihr Eur eigen möget nennen ?
Die Zähne sind durch Kunst in leeren Mund gebracht,
Euch hat der Schminke Dunst das Antlitz schön gemacht.
Daβ Ihr tragt fremdes Haar, kann leicht ein jeder kennen,

Und daβ Eur Wangen von gezwungner Röte brennen,
Ist allen offenbar. Des Halses falsche Pracht
Und die polierte Stirn wird billig ausgelacht,
Wenn man die Salben sich schaut um die Runzeln trennen.

Wenn dies von auβen ist, was mag wohl in Euch sein
Als List und Trügerei. Ich bild mir sicher ein,
Daβ unter einem Haupt, das sich so falsch gezieret,

Auch ein falsch Herze steh, voll schnöder Heuchelei.
Samt ein geschminkten Sinn und Gleisnerei darbei,
Durch welche, wer Euch traut, wird jämmerlich verführet.

1. Commentez le poème de Gryphius en vous aidant des questions suivantes.

a) An wen wendet sich der Dichter ?

b) Durch welche äuβeren Merkmale wird die Frau beschrieben ? Ist sie eher eine junge oder eine ältere Person ?

c) Welche Charaktereigenschaften schreibt ihr Gryphius zu ? Warum ?

d) Welches ist die wichtigste Aussage des Gedichts ?

e) Untersuchen Sie die Sonettform und deren Verhältnis zum Gedichtinhalt.

f) Welchen Zusammenhang kann man zwischen Gryphius' Gedicht und dem Gemälde seines Zeitgenossen Lorenzo Lippi herstellen ?
g) Was kennzeichnet die barocke Aufmachung der Frau, unter anderem die Damenkleidung ?

2. Commentez le tableau de Lorenzo Lippi, *La Femme au masque.*

Lorenzo Lippi (1606-1665) *La Femme au masque*, Musées d'Angers.

Corrigé p. 248

Troisième partie

Grammaire

CHAPITRE **8**

LE PARFAIT

Les formes au parfait se composent d'un auxiliaire *haben* ou *sein* et du participe II.

1. Formation du participe II

1. *ge* + radical de l'infinitif + *t*

– *machen* → ***ge**mach**t***
De même : *haben – leben – brauchen – sagen – fragen – kaufen – spielen – hören – sich freuen – lachen – wohnen* – etc.

2. *ge* + radical de l'infinitif + *et*

– *antworten* → ***ge**antwort**et***
De même : *arbeiten – reden – baden – öffnen – warten – regnen* – etc.

3. *ge* + radical (souvent différent de celui de l'infinitif) + *en*

– *schreiben* → ***ge**schrieb**en***
Il s'agit des verbes forts comme : *lesen – schlafen – fangen* – etc.
(voir la liste p. 163).

4. *ge* + radical différent de celui de l'infinitif + *t*

denken → ***ge**dacht*

5. Particule séparable + *ge* + radical + terminaison

– ***zu**machen* → ***zuge**macht* – ***weg**gehen* → ***wegge**gangen*
De même : ***an**fangen* – ***mit**kommen* – ***auf**hören* – ***ein**packen* – etc.

6. Participe sans *ge* initial

– *beginnen* → *begonnen* : *kritisieren* → *kritisiert.*
Il s'agit de deux groupes de verbes :

a) Verbes à particule inséparable (et non accentuée) comme : *bekommen – empfinden – entlassen – erklären – gelingen – mißverstehen – vergessen – zerstören – verstehen – erfahren – behalten – übersetzen.*

Attention : *übersetzen* (traduire) → *übersetzt*
übersetzen (conduire qqn sur l'autre rive) → *übergesetzt*
wiederholen (répéter) → *wiederholt*
wiederholen (aller reprendre) → *wieder***ge***holt.*

b) **Verbes d'emprunt en -ieren,** comme : *studieren – reparieren.*

2. Participe II des verbes de modalité

– *können* → *gekonnt* – *wollen* → *gewollt* – *müssen* → *gemußt* – *dürfen* → *gedurft* – *mögen* → *gemocht* – *sollen* → *gesollt* – *wissen* → *gewußt.*
Les verbes de modalité – sauf *wissen* – ont une deuxième forme de participe II identique à celle de l'infinitif. Elle s'emploie lorsque le participe est précédé d'un infinitif.

Comparez :
Das habe ich nicht ***gewollt.***
Ich habe ihm helfen ***wollen.***
La même règle est valable pour les verbes : *sehen – hören – (nicht) brauchen... zu... – lassen.*

Remarques :
– On peut éviter les constructions en question en employant le prétérit. *Er hat nicht mir tanzen wollen* → *Er wollte nicht mit mir tanzen.*
– Dans une subordonnée, l'auxiliaire précède l'infinitif suivi d'un participe ayant la forme de l'infinitif : *Ich weiß nicht, ob er wirklich hat kommen wollen.*

3. Emploi de l'auxiliaire sein

Pour les verbes qui forment leur parfait avec l'auxiliaire *sein,* reportez-vous à la liste des verbes forts.

EXERCICE

Exercice 13

1. Complétez les phrases à l'aide des verbes suivants : *anfangen – aufhören – packen – zumachen.*

a) ...... du deine Sachen noch nicht ...... ? Wir müssen gleich losfahren !

b) ...... der Film schon ...... ? Nein, er hat noch nicht begonnen.

c) Wann ...... ihr gestern ...... zu feiern ? Gegen zwei Uhr nachts.

d) das Zimmer ist kalt, weil ich das Fenster nicht ....

2. Formez des phrases à partir des mots entre parenthèses.

a) Ich kann nicht mehr ! .... (ich – zuviel – essen).

b) Wo ist mein Bleistift ? .... (du – ihn – vielleicht – nehmen).

c) .... (mein Vater – mir – 20 Mark – geben).

d) Seid ihr müde ? .... (ihr – heute nacht – schlecht – schlafen).

3. Transformez au parfait :

a) Ich mag diese Musik nicht.

b) Er läßt mich wissen, daß er meinen Brief bekommen hat.

c) Wir lassen die Kinder allein.

d) Meine Eltern können nicht zu meinem Geburtstag kommen.

Corrigé p. 250

CHAPITRE 9 **LE PRÉTÉRIT**

1. Fonction

Le **prétérit** est employé pour rapporter des événements ou des faits appartenant au **passé.** Il a à peu près la fonction de l'**imparfait** et du **passé simple** en français. C'est le temps du **récit.**

*Als Renate nach Hause **kam, saß** ihre Mutter am Schreibtisch.*
Lorsque Renate **arriva** à la maison, sa mère **était** assise au bureau.

2. Formation

1. Verbes faibles

machen

ich	mach**te**	wir	mach**ten**
du	mach**test**	ihr	mach**tet**
er/es/sie	mach**te**	sie	mach**ten**

De même :
sagen – fragen – wohnen – kaufen – brauchen – lachen – suchen – lernen – spielen ... usw.

Attention :
arbeiten

ich	arbeit**ete**	wir	arbeit**eten**
du	arbeit**etest**	ihr	arbeit**etet**
er/es/sie	arbeit**ete**	sie	arbeit**eten**

De même :
reden – baden – kosten – öffnen – antworten – warten ... usw.

2. Verbes forts

kommen

k**a**m	k**a**m**en**
k**a**m**st**	k**a**m**t**
k**a**m	k**a**m**en**

Pour les autres verbes forts, consultez la liste à la p. 163.

3. Verbes faibles irréguliers

Les terminaisons sont celles des verbes faibles.

denken – ich dachte
bringen – ich brachte
kennen – ich kannte
nennen – ich nannte
rennen – ich rannte
senden – ich sandte
wenden – ich wandte
brennen – ich brannte

4. Verbes irréguliers

	sein	haben	werden	tun
ich	war	hatte	wurde	tat
du	warst	hattest	wurdest	tatest
er es sie	war	hatte	wurde	tat
wir	waren	hatten	wurden	taten
ihr	wart	hattet	wurdet	tatet
sie	waren	hatten	wurden	taten

5. Verbes de modalité

Les terminaisons sont celles des verbes faibles.

können – ich konnte
dürfen – ich durfte
müssen – ich mußte
sollen – ich sollte
wollen – ich wollte
mögen – ich mochte
wissen – ich wußte

EXERCICE

Exercice 14

Complétez les phrases en employant le prétérit. Utilisez les verbes qui figurent dans les tableaux ci-dessus :

a) Gestern ...... wir keine Schule. Das ...... toll ! – Und was ...... ihr den ganzen Tag ? – Das ...... kein Problem. Wir ...... Fuβball.
b) Allmählich ...... der Kommissar böse, weil der Mann, den er verhaftet hatte, auf seine Fragen nicht ....
c) » Die Zeit im Krankenhaus ...... nicht schön ! « erzählte Herr Zimmermann. – » ...... Sie denn nicht lesen oder fernsehen ? « – » Doch, ich ...... einen Fernseher im Zimmer, aber oft ...... mir der Kopf so weh, daβ ich nicht fernsehen .... «
d) Franziska erzählt : » Früher ...... ich abends nicht ausgehen. Meine Mutter ...... es nicht. «
e) Morgens um 9 Uhr ...... der Postbote und ...... ein groβes Paket. Frau Kohlkopp ...... : » Was mag wohl darin sein « und ...... es sofort.
f) » In der Fabrik ...... wir sehr hart. Wir ...... erst abends um 7 nach Hause und ...... immer sehr müde. «
g) » Ich habe euch gestern angerufen, aber niemand hat geantwortet. ...... ihr nicht zu Hause ? « – » Nein, wir ...... in der Stadt.

Corrigé p. 250

CHAPITRE 10

LES VERBES FORTS

Infinitif	Prétérit	Participe	3e pers. sing. (présent)	Français
befehlen	befahl	befohlen	befiehlt	commander, ordonner
beginnen	begann	begonnen	beginnt	commencer
begreifen	begriff	begriffen	begreift	comprendre
beißen	biß	gebissen	beißt	mordre
(an)bieten	bot	geboten	bietet	offrir
bitten	bat	gebeten	bittet	demander, prier
blasen	blies	geblasen	bläst	souffler, jouer (trompette)
bleiben*	blieb	geblieben	bleibt	rester
brechen (bref)	brach (long)	gebrochen (bref)	bricht	casser
empfangen	empfing	empfangen	empfängt	recevoir, accueillir
empfehlen	empfahl	empfohlen	empfiehlt	recommander
(sich) entscheiden	entschied	entschieden	entscheidet	(se) décider
erlöschen*	erlosch	erloschen	erlischt	s'éteindre (feu)
erschrecken*	erschrak (long)	erschrocken	erschrickt	avoir peur
essen	aß (long)	gegessen	ißt	manger
fahren*	fuhr	gefahren	fährt	aller (en véhicule)
fallen*	fiel	gefallen	fällt	tomber
fangen	fing	gefangen	fängt	attraper
finden	fand	gefunden	findet	trouver
fliegen*	flog	geflogen	fliegt	voler
fliehen*	floh	geflohen	flieht	fuir, s'enfuir
fressen	fraß (long)	gefressen	frißt	manger (pour les animaux)
frieren*	fror	gefroren	friert	geler
geben	gab	gegeben	gibt	donner
gehen*	ging	gegangen	geht	aller (à pied)
gelingen*	gelang	gelungen	gelingt	réussir (♦ *etw. gelingt mir)*
genießen*	genoß (bref)	genossen	genießt	savourer, profiter de
geschehen*	geschah	geschehen	geschieht	se passer
gewinnen	gewann	gewonnen	gewinnt	gagner
greifen	griff	gegriffen	greift	saisir ; *angreifen* → attaquer
halten	hielt	gehalten	hält	tenir qqc ou s'arrêter

hängen	hing	gehangen	hängt	être suspendu/accroché
heben	hob	gehoben	hebt	lever, soulever
helfen	half	geholfen	hilft	aider (♦ + dat.)
kommen*	kam (long)	gekommen	kommt	venir ; *ankommen** → arriver
laden	lud	geladen	lädt	charger ; *einladen* → inviter
lassen	ließ	gelassen	läßt	laisser
laufen*	lief	gelaufen	läuft	courir
leiden*	litt	gelitten	leidet	souffrir
leihen	lieh	geliehen	leiht	prêter ou emprunter
lesen	las	gelesen	liest	lire
liegen	lag	gelegen	liegt	être couché/allongé
lügen	log	gelogen	lügt	mentir
messen	maß (long)	gemessen	mißt	mesurer
nehmen	nahm	genommen	nimmt	prendre
raten	riet	geraten	rät	conseiller
reißen	riß (bref)	gerissen	reißt	arracher, se déchirer
reiten*	ritt	geritten	reitet	aller à cheval
riechen	roch (bref)	gerochen (bref)	riecht	sentir
rufen	rief	gerufen	ruft	appeler ; *anrufen* → téléphoner
scheinen	schien	geschienen	scheint	briller (soleil) ; sembler
schieben	schob	geschoben	schiebt	pousser
schlafen	schlief	geschlafen	schläft	dormir
schlagen	schlug	geschlagen	schlägt	battre ; sonner (heure)
schließen	schloß (bref)	geschlossen	schließt	fermer ; *geschlossen sein* → fermé
schneiden	schnitt	geschnitten	schneidet	couper
schreiben	schrieb	geschrieben	schreibt	écrire
schreien	schrie	geschrien	schreit	crier
schweigen	schwieg	geschwiegen	schweigt	se taire
schwimmen*	schwamm	geschwommen	schwimmt	nager
schwören	schwor	geschworen	schwört	jurer
sehen	sah	gesehen	sieht	voir
singen	sang	gesungen	singt	chanter
sinken*	sank	gesunken	sinkt	baisser, couler (bateau)
sitzen	saß (long)	gesessen	sitzt	être assis
sprechen (bref)	sprach (long)	gesprochen (bref)	spricht	parler
springen*	sprang	gesprungen	springt	sauter
stechen (bref)	stach (long)	gestochen (bref)	sticht	piquer
stehen	stand	gestanden	steht	être debout
stehlen	stahl	gestohlen	stiehlt	dérober

steigen*	stieg	gestiegen	steigt	monter ; *aussteigen* → descendre
sterben*	starb	gestorben	stirbt	mourir
stoßen	stieß	gestoßen	stößt	heurter, se cogner
(sich) streiten	stritt	gestritten	streitet	se disputer
tragen	trug	getragen	trägt	porter
treffen	traf	getroffen	trifft	rencontrer
treiben	trieb	getrieben	treibt	pratiquer un sport
(ein) treten	trat	getreten	tritt	entrer
trinken	trank	getrunken	trinkt	boire
tun	tat	getan	tut	faire
überwinden	überwand	überwunden	überwindet	surmonter
verbieten	verbot	verboten	verbietet	interdire
verbinden	verband	verbunden	verbindet	relier
verderben	verdarb	verdorben	verdirbt	gâcher
vergessen	vergaß	vergessen	vergißt	oublier
vergleichen	verglich	verglichen	vergleicht	comparer
verlieren	verlor	verloren	verliert	perdre
vermeiden	vermied	vermieden	vermeidet	éviter
verschwinden*	verschwand	verschwunden	verschwindet	disparaître
verstehen	verstand	verstanden	versteht	comprendre
wachsen*	wuchs	gewachsen	wächst	grandir
waschen	wusch	gewaschen	wäscht	laver
werfen	warf	geworfen	wirft	jeter
wiegen	wog	gewogen	wiegt	peser
ziehen	zog	gezogen	zieht	tirer ; *sich anziehen* → s'habiller ; *umziehen** → déménager
zwingen	zwang	gezwungen	zwingt	forcer

* Ces verbes se construisent avec l'auxiliaire *sein*.

CHAPITRE **11**

LE SUBJONCTIF I

1. Fonction

Le subjonctif I sert essentiellement à exprimer le discours indirect.
*Mein Bruder sagte mir, er **könne** nicht kommen, weil er zuviel Arbeit **habe.***
Mon frère me dit qu'il ne pouvait pas venir parce qu'il avait trop de travail.

(voir p. 129 Le discours rapporté)

2. Formation

1. Le présent

On forme le présent en ajoutant un e au radical ; les marques de la personne sont les mêmes qu'au prétérit de l'indicatif.

ich	schreib**e**	wir	schreib**en**
du	schreib**est**	ihr	schreib**et**
er	schreib**e**	sie	schreib**en**

Le verbe ***sein*** constitue un cas particulier :

ich	sei	wir	sei**en**
du	sei**(e)st**	ihr	sei**et**
er	sei	sie	sei**en**

Les formes du subjonctif I présent ne se distinguent de celles de l'indicatif qu'à la 2e et 3e personne du singulier et la 2e personne du pluriel. Comparez !

	Subjonctif I	Indicatif
mache	ich mache	mache
	du mach**est**	mach**st**
	er mach**e**	mach**t**
	wir machen	machen
	ihr mach**et**	mach**t**
	sie machen	machen

Seulement **sein** (voir ci-dessus) et les verbes de modalité (auxquels il faut ajouter *wissen*) font exception. Ces derniers se distinguent de l'indicatif également à la première personne du singulier.

	Subjonctif I	Indicatif
wissen	*ich* ***wisse***	***weiß***
wollen	*ich* ***wolle***	***will***

À l'exception de *sein* et des verbes de modalité, seule la 3e personne du singulier du subjonctif I est usitée aujourd'hui. Pour les autres personnes, on substitue une forme du subjonctif II (voir p. 169) à celle du subjonctif I, par exemple :

Subjonctif I : *Wir sagten ihm, wir* ***haben*** *keine Zeit.*
Subjonctif II : *Wir sagten ihm, wir* ***hätten*** *keine Zeit.*

2. Le passé

On forme le passé du subjonctif I comme le parfait, en mettant les auxiliaires au subjonctif I.

– *Mein Freund erzählte mir, er* ***habe*** *sein Auto* ***verkauft.***
Mon ami m'a raconté qu'il avait vendu sa voiture.

– *Sie behauptete, sie* ***sei*** *nie egoistisch* ***gewesen.***
Elle prétendait qu'elle n'avait jamais été égoïste.

3. Le futur

Pour le futur, on emploie *werden* au subjonctif I.

– *Er sagte zu ihr, er* ***werde*** *sich ohne sie* ***langweilen.***
Il lui dit qu'il allait s'ennuyer sans elle.

EXERCICE

Exercice 15

Comblez les lacunes en employant les verbes suivants au subjonctif I. Un verbe peut être employé plusieurs fois :

können – sein – wollen – sollen ou mögen – danken – haben – werden – wissen – arbeiten – müssen – dürfen.

1. Der Chef rief mich morgens und sagte mir, ich ...... sofort kommen, er ...... mir etwas Wichtiges zu sagen. Ich antwortete ihm, ich ...... gerade erst aufgestanden und ...... mich noch duschen, rasieren und anziehen. Ich ...... aber alles tun, um so schnell wie möglich zu kommen.

2. » Sie haben behauptet, Sie ...... krank gewesen. Aber ein Kollege hat mir gesagt, er ...... Sie gestern in der Stadt gesehen ! «

3. Der Lehrer sagt zum Schüler, er ...... ihm sein Heft zeigen.

4. Der Kanzler kündigte an, er ...... einen Plan vorlegen, um die Staatsschulden zu reduzieren.

5. Ich fragte meine Nachbarin, ob sie am nächsten Abend auf meine Kinder aufpassen .... Sie antwortete, sie ...... leider noch nicht, ob sie dann Zeit ....

6. Der Vater rief wütend, er ...... von morgens bis abends für die Familie, aber niemand ...... ihm dafür.

7. Ich fragte meine Freundin, ob sie auch zu dem Fest eingeladen ...... , aber sie sagte, sie ...... nicht hingehen, weil sie auf ihren kleineren Bruder aufpassen ....

Corrigé p. 251

CHAPITRE 12

LE SUBJONCTIF II

1. Fonction

Le subjonctif II est employé pour exprimer la **condition irréelle,** le **souhait,** le **regret** ou pour remplacer le subjonctif I (voir p. 128 et 167).

2. Formation

1. Le présent

a) Les verbes faibles

Ils ont les mêmes formes au subjonctif II qu'au prétérit.

b) Les verbes forts

Le subjonctif II des verbes forts est formé à partir du radical du prétérit, avec souvent un changement vocalique, en y ajoutant un e.
Les désinences sont les mêmes pour les verbes faibles et les verbes forts et correspondent à celles du prétérit et du subjonctif I.

	verbe faibles	verbes forts
ich	spielte	käme
du	spiel**test**	käm**est**
er	spielte	käme
wir	spiel**ten**	käm**en**
ihr	spiel**tet**	käm**et**
sie	spiel**ten**	käm**en**

c) Les verbes de modalité

Ils forment le subjonctif II à partir du radical de l'infinitif :

können	ich könnte	wollen	ich wollte*
dürfen	ich dürfte	mögen	ich möchte*
müssen	ich müßte	sollen	ich sollte

* Les formes ***ich möchte,*** etc., sont employées comme le présent d'un verbe qui sert à exprimer poliment un désir, de sorte que ***mögen*** n'a pas un véritable subjonctif II.

Les auxiliaires ***sein, haben, werden :***
sein → ich wäre *haben → ich hätte* *werden → ich würde*

Voici une liste de quelques verbes forts :

bitten	ich bäte	kommen	ich käme	sprechen	ich spräche
bleiben	ich bliebe	lassen	ich ließe	stehen	ich stünde
essen	ich äße	lesen	ich läse	tragen	ich trüge
fallen	ich fiele	liegen	ich läge	treffen	ich träfe
finden	ich fände	nehmen	ich nähme	trinken	ich tränke
fliegen	ich flöge	rufen	ich riefe	tun	ich täte
geben	ich gäbe	schlafen	ich schliefe	vergessen	ich vergäße
gehen	ich ginge	schreiben	ich schriebe	verstehen	ich verstünde
halten	ich hielte	sehen	ich sähe	wissen	ich wüßte

d) Quelques verbes mixtes

denken	ich dächte	kennen	ich kennte	senden	ich sendete
bringen	ich brächte	nennen	ich nennte	wenden	ich wendete

2. Le passé

Le passé du subjonctif II se forme avec le subjonctif II de l'auxiliaire et le participe II. Exemple :
– *Wenn du ihn darum* ***gebeten hättest, wäre*** *er sofort* ***gekommen.***
Si tu le lui avais demandé, il serait venu tout de suite.

À la place des formes simples du subjonctif II, on peut employer le subjonctif II de ***werden*** + infinitif. Au lieu de dire :
– *Wenn ich mehr Zeit hätte,* ***reparierte*** *ich die Lampe.*

On dira plutôt :
– *Wenn ich mehr Zeit hätte,* ***würde*** *ich die Lampe* ***reparieren****.*

Cette périphrase permet d'éviter les formes du subjonctif II qui ne se distinguent pas de celles du prétérit (verbes faibles), et celles qui sont peu usitée (ex. : *helfen* – ***hülfe ;*** *kennen* – ***kennte ;*** etc.). La périphrase avec ***würde*** est employée de préférence pour le verbe principal, plus rarement pour celui de la subordonnée.

Les formes simples de ***sein, haben, werden,*** des verbes de modalité et de ***wissen*** sont très courantes et rarement remplacées par la périphrase avec ***würde.*** En passant du présent au passé du subjonctif II, la périphrase est donc à éviter.

Comparez :

présent : (1) *Wenn du **kämest, freute** ich mich.*
passé : (2) *Wenn du **gekommen wärest, hätte** ich mich **gefreut.***
présent : (3) *Wenn du **kämest, würde** ich mich **freuen.***
passé : (4) *Wenn du **gekommen wärest, würde** ich mich **gefreut haben.***

Pour le présent, la version (3) est préférable, pour le passé les versions (2), (4) sont un peu lourdes.

Exercice 16

1. Complétez les phrases et transformez-les au passé.

Exemple :

Wenn er zu Hause ...... , würde er sich langweilen. (bleiben)

Wenn er zu Hause bliebe, würde er sich langweilen.

Wenn er zu Hause geblieben wäre, hätte er sich gelangweilt.

a) Wenn du am Wochenende nach Paris ...... , würdest du am Montag müde sein. (fahren)

b) Wenn meiner Frau die Wohnung nicht ...... , müßte ich eine andere suchen. (gefallen)

c) Wenn der Vogel ins Zimmer ...... , könnte die Katze ihn fressen. (fliegen)

d) Wenn Sie morgen zur Arbeit ...... , wären Sie übermorgen wieder krank. (gehen)

e) Wenn ihr nicht soviel Schokolade ...... , wäret ihr nicht so dick. (essen)

f) Wenn ich ihm Geld ...... , würde er es sofort ausgeben. (geben)

g) Wenn du mich höflich ...... , würde ich dir helfen. (bitten)

h) Wenn sie nett zu uns ...... , wären wir auch nett zu ihnen. (sein)

i) Wenn du die Tür nicht immer ...... , könnte die Katze nicht in die Küche gehen. (auflassen)

j) Wenn er seiner Freundin einen Blumenstrauß ...... , würde sie ihn auslachen. (bringen)

2. Remplacez le subjonctif II du verbe souligné par la périphrase avec **würde :**

a) Wenn du mir seinen Namen <u>nenntest</u>, könnte ich dir sagen, ob ich ihn kenne.

b) Müßte ich nicht auf meine Linie achten, <u>äße</u> ich den Kuchen mit Vergnügen.

c) Wenn ihr wüßtet, wie schlecht es mir geht, <u>spottetet</u> ihr nicht über mich.

d) Wenn wir die Arbeit allein machen könnten, <u>bäten</u> wir euch nicht um Hilfe.

e) Wären sie mit dem Auto gekommen, tränken sie nicht soviel Alkohol.
f) Du verstündest das Theaterstück wahrscheinlich besser, wenn du es vor der Aufführung läsest.
g) Ich wäre glücklich, wenn er mir hülfe.
h) Wenn du ihn besser kenntest, wundertetest du dich nicht über sein komisches Verhalten.

Corrigé p. 251

CHAPITRE 13

LA PROPOSITION RELATIVE

1. Fonction du pronom relatif dans la subordonnée

Dans la subordonnée, le pronom relatif peut être : sujet, complément d'objet direct, complément d'objet indirect, complément de nom.

• Sujet
» Ich will mit dem Jungen, ***der*** *mich nach Hause gebracht hat, nichts mehr zu tun haben ! «*

• COD
Ich habe das Medikament, ***das*** *du mir empfohlen hast, heute morgen gekauft.*

• COI
Glaubst du, daß die Frau, ***der*** *du den Posten angeboten hast, wirklich dafür geeignet ist ?*

• Complément de nom
Ich weiß nicht, ob die Kinder, ***deren*** *Meinung du hören willst, ehrlich sagen werden, was sie denken.*

2. Le pronom relatif précédé d'une préposition

Le pronom relatif peut être membre d'un complément prépositionnel.
Wir reden ***über das Thema.***
Interessiert dich das Thema, ***über das wir reden ?***

3. Les pronoms relatifs *wer* et *was*

Wer et ***was*** peuvent servir de sujets indéterminés dans les phrases du genre :
Wer *nicht tut,* ***was*** *ich will, wird bestraft !*
Was *mein Freund sagt, ist meistens recht vernünftig.*

Was est employé lorsque l'antécédent est :

– un **superlatif neutre substantivé :**
Das ist ***das Dümmste, was*** *ich je gehört habe !*

– le démonstratif ***das :***
Gefällt dir ***das, was*** *sie macht ?*

– un **quantificateur neutre** ***(alles, vieles, einiges, etwas, nichts) :***
Sie haben ***alles, was*** *sie besaßen, verloren.*
Ich kann ***vieles, was*** *er sagt, nicht verstehen.*
Ich weiß ***etwas, was*** *du nicht weißt !*

Remarque : On dit également ***vieles von dem, was...*** ou ***einiges von dem, was,*** etc.
Vieles von dem, was *er erzählt hat, stimmt gar nicht.*

EXERCICE

Exercice 17

1. Insérez les propositions encadrées sous forme de relatives :

a) Der Autor ▲ lebt in Berlin.

ich habe gerade seinen Roman gelesen

b) Findest du das Auto ▲ zu teuer ?

er will das Auto kaufen

c) Alle Personen ▲ wollen zu dem Kongreβ kommen.

du siehst ihre Namen auf dieser Liste

d) Wie haben die Leute ▲ reagiert ?

ihr habt den Leuten die Geschichte erzählt

e) Es ist schwer, einen Text ▲ zu resümieren.

man hat den Text nicht verstanden

f) Wie soll ich einem Menschen ▲ vertrauen ?

er sagt mir nicht die Wahrheit

2. Traduisez les phrases suivantes.

a) Je fais tout ce que tu veux !
b) C'est la chose la plus étrange que j'aie vécue.
c) Il n'a rien accepté de ce qu'elle a proposé.
d) Mon problème n'a rien à voir avec ce que vous avez dit.

3. Comblez les lacunes.

a) Ich bin zwar nicht mit ......, ... er sagt, einverstanden, aber einiges scheint mir ganz vernünftig.
b) Ich habe das Buch noch nicht gelesen, aber ......, ... der Autor in der Einleitung sagt, klingt recht interessant.
c) Weiβt du, ... wir machen ? Wir gehen ins Restaurant und machen uns einen schönen Abend !
d) Welch eine Katastrophe ! Das ist ...., ... ich je erlebt habe !

Corrigé p. 252

CHAPITRE 14

LE RÉGIME DES VERBES

FÜR + acc.	GEGEN + acc.	ÜBER + acc.	UM + acc.
sich bedanken	sich erheben	klagen/sich beklagen	bitten
halten	kämpfen	sich ärgern	sich kümmern
sich interessieren	sprechen	sich wundern	sich handeln
sorgen	sich wehren	sich freuen	kämpfen

AN + acc.	AUF + acc.	IN + acc.	UNTER + acc.
denken	achten	geraten	verteilen
glauben	ankommen	kommen	sich mischen
sich erinnern	sich freuen	sich verlieben	
sich gewöhnen	verzichten	sich ergeben	

AUS + dat.	MIT + dat.	NACH + dat.	VON + dat.	ZU + dat.
bestehen	beginnen	sich erkundigen	abhängen	beitragen
schließen	aufhören	fragen	träumen	verführen
trinken	sich abfinden	sich sehnen	handeln	verurteilen
werden	rechnen	schmecken/ riechen	halten erzählen	gehören

AN + dat.	AUF + dat.	IN + dat.	UNTER + dat.	VOR + dat.
arbeiten	beharren	bestehen	leiden	schützen
hindern	bestehen	absteigen	verstehen	sich fürchten
teilnehmen	beruhen	ankommen		warnen
zweifeln		sich täuschen		fliehen

Pour certains verbes qui présentent des difficultés de sens ou de construction, voici des exemples assortis d'une traduction

- ***Sich bedanken für*** (+ acc.) ***bei*** (+ dat.)

Ich bedanke mich bei meinem Onkel für sein Geschenk.
Je remercie mon oncle de son cadeau.

- ***Bestehen aus*** (+ dat.)

Ein Motor besteht aus vielen Teilen.
Un moteur est composé de beaucoup de parties.

- ***Bestehen in*** (+ dat.)

Seine Arbeit bestand darin, die Rechnungen zu prüfen.
Son travail consistait à vérifier les factures.
Das ganze Theaterstück besteht in einem einzigen Monolog.
Toute la pièce de théâtre consiste en un seul dialogue.

- ***Bestehen auf*** (+ dat.)

Er besteht auf seiner Forderung.
Il maintient ses exigences.

- ***Erzählen von*** (+ dat.)

Sie erzählt von ihren Erlebnissen/ihrer Reise usw.
Elle raconte ses expériences/son voyage, etc.
Mais : *Sie erzählt eine Geschichte, ein Märchen usw.*

- ***Sich freuen auf*** (+ acc.)

Sie freut sich schon auf ihren Geburtstag.
Elle se réjouit à l'avance de son anniversaire (futur).

- ***Sich freuen über*** (+ acc.)

Ich freue mich über deinen Besuch.
Je me réjouis de ta visite.

- ***Gehören zu*** (+ dat.)

Dieser Junge gehört zu uns.
Ce garçon est avec nous, fait partie de notre groupe.
Das gehört nicht zum Thema.
Cela ne fait pas partie du sujet.
Mais : *Das Auto gehört uns.*
La voiture est à nous.

• ***Geraten in*** (+ acc.)
Er gerät in eine Verkehrsstauung.
Il tombe dans un embouteillage.
Sie geriet in eine gefährliche Situation.
Elle tomba/se fourvoya dans une situation dangereuse.

• ***Halten von*** (+ dat.)
Was hältst du von diesem Schüler ?
Qu'est-ce que tu penses de cet élève ?
Ich halte nichts/viel von ihm.
J'ai une petite/grande opinion de lui.

• ***Halten für*** (+ acc.)
Ich halte ihn für begabt/für faul.
Je crois qu'il est doué/paresseux.

• ***Handeln von*** (+ dat.)
Der Roman handelt von einem entlassenen Sträfling.
Le roman traite de la libération d'un détenu.

• ***Sich handeln um*** (+ acc.)
Worum handelt es sich ?
De quoi s'agit-il ?
Es handelt sich um einen Konflikt zwischen...
Il s'agit d'un conflit entre...

• ***Rechnen mit*** (+ dat.)
Man rechnet mit einer Erhöhung der Inflation.
On table sur une augmentation de l'inflation.
Ich rechne mit deiner Unterstützung.
Je compte sur ton soutien.
Mais : *Ich rechne ihn zu meinen besten Freunden.*
Je le range parmi mes meilleurs amis.

• ***Sprechen gegen*** (+ acc.)
Sein Aussehen spricht gegen ihn.
Son aspect extérieur parle contre lui.

• ***Sich täuschen in*** (+ dat.)
Ich habe mich in meiner Schwester getäuscht.
Je me suis trompé au sujet de ma sœur.

• ***Verstehen unter*** (+ dat.)
Was verstehst du unter » gerecht « ?
Qu'est-ce que tu entends par « juste » ?

• ***Werden aus*** (+ dat.)
Was soll aus mir werden ?
Qu'est-ce que je vais devenir ?
Aus dem kleinen Geschäft ist ein großes Unternehmen geworden.
Le petit magasin est devenu une grande entreprise.

EXERCICE

Exercice 18

La combinaison verbe + préposition peut se manifester dans les structures suivantes :

Exemple : ***warten auf***

Interrogatif : ***Auf*** *wen wartest du ?*
*Wor**auf** wartest du ?*

Complément nominal : *Ich warte **auf** meinen Freund.*
*Ich warte **auf** besseres Wetter.*

Démonstratif : *Ich warte dar**auf.***

Démonstratif présentateur :
– d'une infinitive : *Ich warte dar**auf,** abgeholt zu werden.*
– d'une subordonnée : *Ich warte dar**auf,** daß meine Mutter anruft.*

1. Comblez les lacunes :

a) Ich kann mich nicht da ...... abfinden, daß du mich betrogen hast.

b) Die Quantität interessiert mich nicht, ... die Qualität kommt es an !

c) – Hast du Lust, nach Italien zu fahren ? – Das kommt da ...... an, ob du mitkommst.

d) Warum ärgerst du dich ...... dein ...... kleinen Bruder ? Er ist doch niedlich !

e) Ich muß mich ...... mein ...... Tante ...... ihr ...... Brief bedanken.

f) Er trug da ...... bei, daß alles nach Plan verlief.

g) Sie beklagt sich da ...... , daß keiner mit ihr spricht.

h) Wo ...... besteht dieser Apparat ?

i) Denk da ...... , daß du alle Sachen wieder mitbringen mußt !

j) Weißt du noch, wie wir zusammen nach Helgoland fuhren ? – Ich kann mich da ...... nicht erinnern.

2. Formez des phrases en employant les verbes entre parenthèses, selon le modèle suivant :

Er ist deprimiert. Er ist nicht Präsident geworden. (sich nicht abfinden können mit...)

► *Er kann sich nicht damit abfinden, daß er nicht Präsident geworden ist.*

a) Wir machen morgen einen Ausflug, aber nur, wenn das Wetter gut ist, sonst nicht. (abhängen von...)

b) Ich habe ihm geholfen. Er hat » Danke « gesagt. (sich bedanken für...)

c) Paβ auf ! Du darfst niemanden vergessen ! (achten auf...)

d) Das erste war : alle Minister traten zurück. So begann die Krise. (beginnen mit...)

e) Er ist empört. Er hat sein Geld noch nicht bekommen. (sich beklagen über...)

f) Ja, du hattest in der Schule immer gute Zensuren. Das weiβ ich noch. (sich erinnern an...)

g) Machen wir eine kleine Pause ? Bist du einverstanden ? (halten von...)

h) Die Mutter wollte, daβ ihre Kinder eine gute Ausbildung bekommen. Sie tat alles, um dieses Ziel zu erreichen. (kämpfen um...)

i) Die Zahl der Schüler wird in den nächsten Jahren gleich bleiben. Das ist unsere Annahme. (rechnen mit...)

j) Er hat mich nicht mehr angerufen. Daher nehme ich an, daβ er sich für das Projekt nicht mehr interessiert. (schlieβen aus...)

Corrigé p. 252

CHAPITRE

15 LES RELATIONS LOGIQUES

Une même relation peut être exprimée par des structures différentes. La cause – pour prendre un exemple – peut être exprimée par une subordonnée ou un groupe prépositionnel :

– *Er trägt einen Pullover, **weil ihm kalt ist.*** (subordonnée)

Il porte un pull-over, parce qu'il a froid.

– ***Wegen der Kälte** trägt er einen Pullover.* (groupe prépositionnel)

À cause du froid, il porte un pull-over.

Le choix de la structure dépend de ce qu'on veut dire, du vocabulaire dont on dispose, des contraintes syntaxiques, de l'articulation du discours, etc.

Dans les paragraphes suivants, nous allons étudier l'expression des relations dans ces structures :

- proposition coordonnée
- proposition subordonnée
- proposition infinitive
- groupe prépositionnel
- adverbe

Les deux tableaux **Relations logiques** et **Relations temporelles** devraient vous aider à mieux comprendre ces moyens d'expression et les liens entre elles (voir p. 190-191).

1. Cause

1. Propositions coordonnées et subordonnées

a) *denn – da – weil*

– *Er konnte nicht kommen, **denn** sein Auto hatte eine Panne.*

Il ne pouvait pas venir, car sa voiture était en panne.

– ***Da** sein Auto eine Panne hatte, konnte er nicht kommen.*

Comme sa voiture était en panne, il ne pouvait pas venir.

– *Er konnte nicht kommen, **weil** sein Auto eine Panne hatte.*

Il ne pouvait pas venir, parce que sa voiture était en panne.

Denn est une conjonction de coordination, introduisant une proposition autonome (voir la place du verbe !). Il ne faut pas la confondre avec l'adverbe ***dann,*** ni avec la particule **denn** que l'on trouve dans des questions du genre » *Was machst du denn ?* «

b) *zumal ! – umso mehr als*

– Er ging oft zu dem Mädchen, ***zumal*** *er den Eindruck hatte, daß sie sich über seine Besuche freute.*

Il allait souvent voir cette fille, d'autant plus qu'il avait l'impression qu'elle était contente de ses visites.

Il s'agit ici d'avancer une raison supplémentaire : L'emploi de ***zumal*** dans notre exemple suppose qu'il y a une première raison expliquant les visites du garçon, raisons sous-entendues ou exprimées dans le contexte précédent, auxquelles s'ajoute celle contenue dans la proposition : » *... daß sie sich über seine Besuche freute.* «

À la place de ***zumal,*** on peut employer ***umso mehr als.***

La même construction est possible avec d'autres adjectifs ou adverbes au comparatif, p. ex. : ***umso weniger als, umso besser als,*** etc.

c) *wenn... so deshalb, weil*

– ***Wenn*** *er schließlich das Angebot annahm,* ***so deshalb, weil*** *er keine Alternative sah.*

S'il a finalement accepté la proposition, c'est qu'il ne voyait pas d'alternative.

Le locuteur pourrait continuer : » *... und nicht, weil ihm das Angebot gefallen hätte.* « (« ... et non parce que cette proposition lui aurait plu »). Il s'agit de souligner que l'explication avancée est la bonne *(weil er keine Alternative hatte),* et non une autre qui pourrait se présenter à l'esprit *(weil das Angebot ihm gefiel).*

Lorsqu'il s'agit d'écarter la mauvaise explication, on peut s'exprimer ainsi :

– ***Wenn*** *er das Angebot annahm,* ***so nicht, weil*** *es ihm gefallen hätte,* ***sondern weil*** *er keine Alternative sah.*

S'il a accepté la proposition, ce n'est pas parce qu'elle lui aurait plu, mais parce qu'il ne voyait pas d'alternative.

L'emploi du subjonctif II *(gefallen hätte)* signale que le locuteur ne rejette pas seulement cette proposition en tant qu'explication, mais qu'il ne la retient pas non plus comme affirmation.

2. Groupe prépositionnel : *wegen* + gén. – *dank* + gén. *aus* + dat. – *vor* + dat. *durch* + acc.

La préposition dont l'emploi est le plus général est ***wegen***.
– ***Wegen*** *des schlechten Wetters blieben alle zu Hause.*
À cause du mauvais temps, tous restèrent à la maison.

On emploie ***dank*** lorsque l'effet est souhaité :
– ***Dank*** *seiner guten Zeugnisse fand er schließlich eine Arbeit.*
Grâce à ses bons certificats, il trouva enfin un travail.

Un complément avec ***aus*** indique un motif :
– ***Aus*** *Stolz wollte er seinen Fehler nicht zugeben.*
Par fierté, il ne voulait pas reconnaître sa faute.

Retenez aussi l'expression ***aus Mangel an*** + dat. :
– ***Aus Mangel an*** *Holz konnten sie nicht heizen.*
Par manque de bois, ils ne pouvaient pas se chauffer.

En employant ***vor***, on explique un comportement par l'intensité d'un sentiment :
– *Der Junge sprang* ***vor*** *Freude in die Luft.*
De joie, le garçon sauta en l'air.

Un complément avec ***durch*** indique un moyen, un instrument, un intermédiaire :
– ***Durch*** *sein freudliches Auftreten machte er sich schnell beliebt.*
Par la gentillesse de ses manières, il gagna vite des sympathies.

3. Adverbes

a) *nämlich – schließlich*

La proposition dont ***nämlich*** *ou* ***schließlich*** font partie exprime une cause, une raison :
– *Eine Operation war gefährlich. Der Mann war* ***nämlich*** *schon alt.*
Une opération était dangereuse, car l'homme était déjà vieux.
– *Eine Operation war gefährlich. Der Mann war* ***schließlich*** *schon alt.*

L'emploi de ***schließlich*** suppose que le fait invoqué comme raison *(der Mann war alt)* est connu.

Attention : ***nämlich*** ne peut pas occuper la position initiale.

b) *so – also – deshalb – deswegen – darum – aus diesem Grund – infolgedessen – folglich – dadurch*

On peut constater une grande variété d'adverbes ayant un sens assez proche mais pas identique, pour exprimer le rapport cause-conséquence. Les exemples suivants devraient vous aider à saisir ces nuances.

– *Er war mit dem Essen fertig, aber er wußte nicht, was er tun sollte.* ***So*** *blieb er noch eine Weile sitzen.*
Il avait terminé son repas, mais il ne savait que faire. Alors, il resta assis un instant.
– *Alle seine Freunde gingen zu dem Fest.* ***Also*** *wollte er auch dabei sein.*
Tous ses amis allaient à cette fête. Il voulait donc y assister, lui aussi.
– *Er hatte kein Geld mehr.* ***Deshalb*** *mußte er sich an seine Eltern wenden.*
Il n'avait plus d'argent. Il devait donc s'adresser à ses parents.
– *» Der Mann war schon sehr alt.* ***Aus diesem Grunde*** *schien mir eine Operation äußerst riskant zu sein «, sagte Professor Bauchschneider.*
« L'homme était déjà très âgé. Pour cette raison, une opération me paraissait extrêmement risquée », dit le professeur Bauchschneider.
– *Es hatte tagelang geregnet.* ***Infolgedessen*** *stieg das Wasser im Fluß, und die Stadt drohte, überschwemmt zu werden.*
Il avait plu pendant des journées. Par conséquent, l'eau montait dans le fleuve, menaçant la ville d'inondation.
– *» Schmidt ist gestern bei seiner Frau gewesen « sagte der Kommissar nachdenklich. »* ***Folglich*** *kann er bei dem Banküberfall nicht dabeigewesen sein. «*
« Hier, Schmidt a été chez sa femme », dit le commissaire d'un air pensif. « Logiquement, il n'a pas pu prendre part au hold-up de la banque. »
– *Die junge Journalistin schrieb provozierende Artikel.* ***Dadurch*** *wurde sie schnell bekannt.*
La jeune journaliste écrivait des articles provoquants. C'est ainsi qu'elle devint vite célèbre.

2. Instrument

Lorsque la cause est un acte effectué exprès pour atteindre un certain but, on peut parler d'instrument ou de moyen.

1. Subordonnées : *indem – dadurch, daβ*

– *Die Frau beruhigte das Kind,* **indem** *sie ihm eine Geschichte erzählte.*
La femme calma l'enfant en lui racontant une histoire.
– *Die Frau beruhigte das Kind* ***dadurch, daβ*** *sie ihm eine Geschichte erzählte.* (même traduction)

2. Groupe prépositionnel : *durch*

– *Die Bewohner der Küste versuchen, sich* **durch** *den Bau von Deichen gegen das Meer zu schützen.*
Les habitants de la côte essayent de se protéger contre la mer par la construction de digues.

3. Adverbe : *dadurch*

– *Die Bewohner der Küste bauen Deiche.* **Dadurch** *versuchen sie, sich gegen das Meer zu schützen.*
Les habitants de la côte construisent des digues. Ainsi, ils essayent de se protéger contre la mer.

3. Conséquence

1. Subordonnées : *so daβ* – *so* + adj., *daβ* – *zu* + adj., *als daβ*

– *Ich hatte mein Geld vergessen,* ***so daβ*** *ich mir keine Zeitung kaufen konnte.*
J'avais oublié mon argent, de sorte que je ne pouvais pas m'acheter de journal.

Dans les deux phrases suivantes, l'effet est présenté comme dépendant de l'intensité d'un état ou d'une qualité :

– *Sie war* ***so*** *müde,* ***daβ*** *sie im Kino einschlief.*
Elle était si fatiguée qu'elle s'endormit au cinéma.
– *Er ist* ***zu*** *dumm,* ***als daβ*** *er deine subtile Argumentation verstehen könnte.*
Il est trop bête pour qu'il puisse comprendre ton argumentation subtile.

Étant donné que cause et effet ne sont que les deux termes d'une même relation, il y a en général la possibilité de passer de l'expression de l'une à celle de l'autre. Comparez la phrase suivante avec notre premier exemple ci-dessus :

– *Ich konnte mir keine Zeitung kaufen,* ***weil*** *ich mein Geld vergessen hatte.*

Je ne pouvais m'acheter de journal, parce que j'avais oublié mon argent.

2. Propositions infinitives : *zu* + adj., *um... zu* *nicht* + adj. *genug, um... zu* *nicht genug* + nom, *um... zu*

Ces infinitifs correspondent aux subordonnées du type ***zu*** + adj., ***als daβ*** (voir le troisième exemple du paragraphe 1. ci-dessus). Une transformation subordonnée → infinitive est possible lorsque les sujets des deux verbes sont identiques, ce qui est le cas pour le troisième exemple de 1 :

– *Er ist* ***zu*** *dumm,* ***um*** *deine subtile Argumentation* ***zu*** *verstehen.*

Il est trop bête pour comprendre ton argumentation subtile.

Remarquez que *können* est superflu dans la phrase transformée puisque l'idée de « possibilité » est contenue dans » ... *zu* «.

4. Finalité

1. Subordonnées et infinitives : *damit* et *um... zu*

– *Sie stieg auf den Tisch,* ***damit*** *alle sie sahen.*

Elle monta sur la table pour que tout le monde la vît.

– *Er trank einen Kaffee,* ***um*** *nicht einzuschlafen.*

Il but un café pour ne pas s'endormir.

La subordonnée dans la première phrase et l'infinitive dans la deuxième expriment le but, l'objectif, la finalité de l'action exprimée dans la principale.

L'infinitive est seulement possible lorsqu'il y a identité entre le sujet du verbe principal et le sujet de l'infinitif. Dans notre premier exemple, ce n'est pas le cas puisque *Sie* est le sujet de *stieg* et *alle* celui de *sahen.* Mais une transformation passive permet parfois de rendre les deux sujets identiques.

– *Sie stieg auf den Tisch,* ***um*** *von allen gesehen* ***zu*** *werden.*
Elle monta sur la table pour être vue de tous.

2. Groupe prépositionnel : *zu* + dat.

– ***Zur*** *Vermeidung von Konflikten wurden strenge Regeln eingeführt.*
Pour éviter des conflits, des règles strictes furent introduites.

3. Adverbes : *dazu – dafür*

Comparez :
– *Ich bin nach England gefahren,* ***um*** *mein Englisch* ***zu*** *verbessern.*
Je suis allé en Angleterre pour améliorer mon anglais.
– *Ich habe mein Englisch verbessert.* ***Dazu/Dafür*** *bin ich ja nach England gefahren.*
J'ai amélioré mon anglais. C'est pour cela que je suis allé en Angleterre.

Dans des contextes de ce type, on peut employer aussi ***deshalb, deswegen, darum*** que nous avons traités dans le chapitre Cause (voir p. 183 et suivantes) :

Er wollte seinen Freund wiedersehen. ***Darum*** *hatte er den weiten Weg gemacht.*
Il voulait revoir son ami. C'est pourquoi il avait fait le long chemin.

5. Parallélisme : *je ... desto*

– ***Je mehr*** *er verdient,* ***desto*** *geizi**ger** wird er.*
Plus il gagne, plus il devient avare.
– ***Je*** *lau**ter** er sprach,* ***desto*** *weni**ger** verstand ich ihn.*
Plus il parlait fort, moins je le comprenais.

Les deux propositions qui constituent la phrase contiennent un adjectif ou adverbe au **comparatif** *(mehr – geiziger ; lauter – weniger).* Elles expriment que la progression sur un paramètre (l'avarice/la compréhension) dépend de la progression sur un autre paramètre (le profit/la force de la voix).

Relation	**Dépendantes** Verbe dernière position	**Groupe prépositionnel** Verbe 2e position	**Adverbe** Verbe 2e position
Opposition **Concession** **Restriction**	*obwohl – obgleich – obschon* *während – wohingegen* *(an)statt … zu – anstatt* *daß – ohne zu – ohne daß*	*– trotz + gén.* *– entgegen + dat.* *im Gegensatz zu + dat.* *– (an)statt + gén.* *– ohne + gén.* *– ungeachtet + gén.*	*– doch – jedoch – dennoch – trotzdem – nichtsdestoweniger – zwar … aber* *– dagegen – hingegen* *– stattdessen* *– zwar – freilich – allerdings dessenungeachtet* *– sonst – andernfalls* *– entweder … oder – nicht/keir … sondern*
Cause	*– weil* *– da* *– dadurch, daß* *– insofern (als)* *– zumal (da)* *– um so mehr als*	*– aufgrund + gén.* *– wegen + gén.* *– durch + acc.* *– aus + dat.* *– vor + dat.*	*– nämlich* (3e position) *– deshalb – darum – deswegen* *– dadurch* *– aus diesem Grund*
Conséquence **But**	*– daß* *– so + adj. + daß* *– zu + adj. + als daß* *– damit* *– um … zu* *– je (mehr), desto (comp.)*	*– infolge + gén.* *– zu + dat.*	*– somit* *folglich – infolgedessen* *– dazu*

Condition	*– wenn – außer wenn* *– falls – im Falle, daß – für den Fall, daß* *– vorausgesetzt, daß – unter der Bedingung, daß* *– es sei denn, daß – sofern*	*– bei + dat.*	*– dann – so* *– in diesem Falle*
Temps Gleichzeitigkeit *Vor- und Nachzeitigkeit*	*– indem – während* *– wenn – als – da – wie* *– solange – sooft* *– bevor : ehe* *– seit – bis* *– sobald – kaum daß* *– nachdem*	*– während + gén.* *– bei + dat. – in + dat.* *– vor + dat.* *– seit + dat.* *– bis + acc.* *– bis zu + dat.* *– nach + dat*	*– währenddessen – indessen – unterdessen – inzwischen – zugleich* *– da – damals* *– solange – jedesmal* *– vorher – zuvor* *– seither – seitdem – bisher – bisdahin* *– (bald) darauf – nachher* *– danach – dann*

EXERCICE

Exercice 19

1. Cause

1. Complétez les phrases en faisant attention aux cas gouvernés par les prépositions :

a) Wegen sein...... hoh...... Alter...... wollte er nicht mehr eine so weite Reise machen.
b) Er hat mir aus rein...... Nächstenliebe geholfen.
c) Durch lang...... Nachdenken fand sie endlich die Lösung.
d) Dank sein...... gut...... Vorbereitung konnte er auf alle Fragen präzis antworten.
e) Aus Mangel an qualifiziert...... Mitarbeiter...... können wir unser Programm nicht durchführen.

2. Transformez les subordonnées en groupes prépositionnels en vous servant des noms entre parenthèses :

a) Da es sehr heiβ war, hatten alle groβen Durst (Hitze)
b) Er hatte viel Erfolg, weil er sehr begabt war (Begabung)
c) Hast du die Vase zerschlagen, weil du wütend warst ? (Wut)
d) Der Spion verriet sich, weil er zu neugierig war. (Neugierde)

2. Instrument

Transformez les subordonnées en groupes prépositionnels en vous servant des noms entre parenthèses :

a) Ich informiere mich dadurch, daβ ich regelmäβig die Zeitung lese. (Zeitungslektüre)
b) Er versuchte, seinen Gesprächspartner aus der Fassung zu bringen, indem er ihn ständig unterbrach. (Unterbrechung)
c) Dadurch, daβ der Lehrer den Schüler lobte, gab er ihm wieder Mut. (Lob)

3. Conséquence

Transformez les phrases suivantes de telle sorte qu'il y ait une subordonnée exprimant la conséquence et non la cause :

a) Ich konnte meine Mutter nicht anrufen, weil sie nicht zu Hause war.
b) Da das Essen sehr gut war, lobten alle die Köchin.
c) Kein Schüler konnte die Matheaufgabe lösen, weil sie sehr schwierig war.
d) Da auf den Straβen Schnee lag, muβte man vorsichtig fahren.

4. Finalité

1. Transformez les phrases suivantes en formant avec le nom entre parenthèses un groupe prépositionnel :

a) Man baute eine Mauer, um sich vor Feinden zu schützen. (Schutz)
b) Ein Fest wurde organisiert, um die Atmosphäre zu verbessern. (Verbesserung)
c) Der Staat gibt viel Geld aus, um den Wohnungsbau zu fördern. (Förderung)
d) Um die Kriminalität zu bekämpfen, verstärkte man die Polizei. (Bekämpfung)

5. Parallélisme

1. À partir des phrases données, exprimez un parallélisme du genre défini ci-dessus à l'aide de ***je ... desto :***

a) Sie arbeitet lange. Sie wird müde.
b) Er übt viel. Er spricht gut Deutsch.
c) Ich dachte nach. Ich fand keine Lösung.

2. Traduisez :

a) Mieux je le connais, plus je le trouve sympathique.
b) Plus il avançait (dans la lecture), plus il s'étonnait.
c) Plus tu bois, moins tu peux te contrôler.

Corrigé p. 253

CHAPITRE 16

LES RELATIONS TEMPORELLES

1. Simultanéité

1. Subordonnées : *wenn – sobald – sooft – als – während*

– *Ich gebe dir das Buch zurück,* **wenn** *ich damit fertig bin.*
Je te rendrai le livre quand je l'aurai fini.
– *Ich gebe dir das Buch zurück,* **sobald** *ich damit fertig bin.*
Je te rendrai le livre dès que je l'aurai fini.

Dans ces deux exemples, les événements évoqués sont situés dans l'**avenir**. Dans l'exemple suivant, on se réfère au **passé :**
– ***Wenn*** *er zur Schule ging, traf er auf dem Weg seinen Freund Henning.*
Quand il allait à l'école, il rencontrait en chemin son ami Henning.

Il s'agit ici d'événements répétés, habituels. Si l'on veut insister sur la régularité de la rencontre entre deux événements, on peut employer ***Sooft :***
– ***Sooft*** *das Wetter es erlaubte, gingen wir ans Meer.*
Quand le temps le permettait, nous allions toujours à la mer.

Sooft pourrait être remplacé ici par ***immer wenn.***

Lorsqu'il s'agit d'une coïncidence unique – relatée, par exemple, dans un récit qui présente une succession d'événements – il faut employer ***als :***
– ***Als*** *sie sich gerade ins Bett legen wollte, klingelte das Telephon.*
Lorsqu'elle était sur le point de se coucher, le téléphone sonna.

En français, on peut rendre cette différence entre ***wenn*** et ***als*** par le choix des temps :
wenn → imparfait (… il rencontr**ait** en chemin son ami Henning.)
als → passé simple (… le téléphone sonn**a.**)

Lorsque les deux procès simultanés ont une certaine durée, on emploie ***während :***

– ***Während*** *er sich die Pfeife anzündete, blickte er sich in der Kneipe um.*

Pendant qu'il allumait sa pipe, il promenait son regard dans le bistrot.

2. Groupe prépositionnel : *bei* + dat. – *während* + gen.

– *Sie lernten sich* ***bei*** *einem Fest kennen.*

Ils firent connaissance lors d'une fête.

– ***Bei*** *seiner Ankunft war niemand auf dem Bahnhof.*

À son arrivée, personne n'était à la gare.

Mais **bei** n'est pas la seule proposition pour indiquer le temps.

On dit : in den Sommerferien – zu Beginn – am Anfang – im Winter, etc.

Ces groupes prépositionnels sont à apprendre comme un tout.

Lorsque l'événement en question a une certaine durée, on emploie ***während :***

– *Leider mußte ich auch* ***während*** *der Ferien arbeiten.*

Malheureusement, j'ai dû travailler aussi pendant les vacances.

3. Adverbes : *da – damals – jedesmal – währenddessen*

– *Ich stieg in den Zug und suchte mir einen Platz.* ***Da*** *sah ich, daß ein Freund von mir im Zug saß.*

Je montai dans le train et cherchai une place. Alors, je vis qu'un de mes amis était dans le train.

• ***Damals*** renvoie à un passé lointain :

– *Wir wohnten in einer norddeutschen Kleinstadt, ich war gerade zehn Jahre alt.* ***Damals*** *gab es noch nicht viele Autos.*

Nous vivions dans une petite ville de l'Allemagne du Nord, j'avais juste dix ans. À cette époque-là, il n'y avait pas encore beaucoup de voitures.

• ***Jedesmal*** signale une régularité sans exception :

– *Onkel Paul besuchte uns ungefähr einmal im Monat. Und* ***jedesmal*** *brachte er ein kleines Geschenk mit.*

L'oncle Paul venait nous voir à peu près une fois par mois. Et chaque fois, il apportait un petit cadeau.

• ***Währenddessen*** indique que deux procès d'une certaine durée se déroulent parallèlement :
– *» Ich räumte den Laden aus «, erzählte der Einbrecher. »* ***Während-dessen*** *stand Franz an der Straße und paßte auf. «*
« Je dévalisais le magasin » raconta le cambrioleur. « Pendant ce temps-là, Franz faisait le guet dans la rue. »

2. Durée

1. Subordonnées : *seit – bis – solange*

– *Seit er ein Auto hat, geht er kaum noch zu Fuß.*
Depuis qu'il a une voiture, il ne marche presque plus.

À la place de ***seit,*** on emploie aussi ***seitdem*** (conjonction qu'il ne faut pas confondre avec l'adverbe ***seitdem***). ***Seit*** signale le point de départ d'un procès qui dure.

Avec ***bis,*** c'est l'inverse : on indique le point d'arrivée d'une durée :
– *Ich warte,* ***bis*** *du hier bist.*
Je vais attendre jusqu'à ce que tu sois ici.

Pour souligner que le procès ne s'arrêtera pas avant le moment indiqué, on ajoute l'adverbe ***solange :***
– *Er stand* ***solange*** *auf der Straße, bis er kalte Füße hatte.*
Il resta si longtemps dans la rue qu'il eut froid aux pieds.

La conjonction ***solange*** signale qu'un procès dure aussi longtemps qu'un autre :
– ***Solange*** *sie ihre Arbeit hatte, konnte sie sich die teure Wohnung leisten.*
Tant qu'elle avait son travail, elle pouvait se permettre cet appartement cher.

2. Groupes prépositionnels : *seit* + dat. – *bis* + acc. – *bis zu* + dat.

– ***Seit*** *gestern bin ich wieder zu Hause.*
Depuis hier, je suis revenu à la maison.
– *Er hat* ***seit*** *seinem Examen kein Buch mehr gelesen.*
Depuis son examen, il n'a plus lu un seul livre.
– ***Bis*** *Weihnachten haben wir nicht mehr viel Zeit.*
D'ici Noël, nous n'avons plus beaucoup de temps.

– *Er arbeitete **bis zu** seinem Tod an dem großen Werk.*
Il travailla jusqu'à sa mort à cette grande œuvre.

On emploie ***bis zu*** lorsque le nom du groupe prépositionnel est précédé d'un déterminant défini : article défini, démonstratif ou possessif (dans notre exemple : » *bis zu* ***seinem*** *Tod...*«).

3. Adverbes : *seitdem – bis dahin – solange*

– *Mein Auto habe ich verkauft. **Seitdem** fahre ich viel mit dem Fahrrad.*
J'ai vendu ma voiture. Depuis, je fais beaucoup de vélo.

Observez que « depuis » peut être préposition ou adverbe.
– *Um halb neun beginnt der Film im Fernsehen. **Bis dahin** will ich mit meinen Aufgaben fertig sein.*
Le film à la télé commence à 8 heures et demie : D'ici là/Auparavant, je veux avoir terminé mes devoirs.
– *Der Film im Fernsehen beginnt erst um halb neun. **Solange** kannst du noch etwas anderes tun.*
Le film à la télé ne commence qu'à 8 heures et demie. En attendant, tu peux encore faire quelque chose d'autre.

Solange peut parfois remplacer ***bis dahin,*** comme dans le dernier exemple.

3. Antériorité – Postériorité

1. Subordonnées : *bevor – nachdem*

– ***Bevor*** *er einschlief, las er noch ein paar Seiten seines Romans.*
Avant qu'il s'endormit, il lisait encore quelques pages de son roman.
À la place de ***bevor,*** on peut dire ***ehe.***
Remarquez qu'on dirait plus naturellement en français « Avant de s'endormir... », mais en allemand, on ne peut pas former de proposition infinitive avec ***bevor*** ou ***nachdem.***
– ***Nachdem*** *er bezahlt hat, verläßt er das Café.*
Après avoir payé, il quitta le café.

En employant **nachdem,** il faut faire attention au temps :
– Si le verbe de la principale est au présent, celui de la subordonnée est au parfait. *(Nachdem er* ***bezahlt hat, verläßt*** *er das Café.)*

– Si le verbe de la principale est au prétérit, celui de la subordonnée est au plus-que-parfait. *(Nachdem er* ***bezahlt hatte, verließ*** *er das Café.)*

2. Groupes prépositionnels : *vor* + dat. – *nach* + dat.

– ***Vor*** *dem Essen wusch er sich die Hände.*
Avant le repas, il s'est lavé les mains.
– ***Nach*** *ihrem großen Erfolg wurde sie etwas hochmütig.*
Après son grand succès, elle devint un peu arrogante.

3. Adverbes : *vorher – nachher*

– *Ich will Ihnen gern Auskunft geben, aber* **vorher** *müssen Sie mir sagen, wer Sie sind.*
Je veux bien vous renseigner, mais avant/auparavant, vous devez me dire qui vous êtes.
– *Erst einmal gehen wir ins Kino. Vielleicht gehen wir* **nachher** *noch in ein Café.*
D'abord, nous allons au cinéma. Après, nous irons peut-être dans un café.

L'adverbe ***danach*** a un sens proche de ***nachher.***

En traduisant **vorher** par « avant » et **nachher** par « après », n'oubliez pas que dans ce cas, « avant » et « après » sont des **adverbes** et non des prépositions.

EXERCICE

Exercice 20

1. Simultanéité

1. Transformez les phrases en employant les conjonctions ***wenn* – *sobald* – *sooft* – *als*** et ***während* :**

a) Alle im Haus schliefen. Eduard saß auf dem Balkon und betrachtete den Mond.
b) Herr Schulz kam zu Hause an. Ein Krankenwagen stand vor seiner Tür.
c) Es ist immer wieder dasselbe : Ich will etwas sagen, und du unterbrichst mich.
d) Gerade waren die Eltern aus dem Haus gegangen. Sofort stellte Erika den Fernseher an.
e) Meistens war es so : Er war mit seiner Arbeit fertig. Er traf seine Freundin in der Stadt in einem Café.
f) Bald ist das Wasser warm genug. Dann können wir im See baden.

2. Transformez les groupes prépositionnels soulignés en subordonnées.

a) Sie lernten sich bei einem Fest kennen.
b) Bei seiner Ankunft war niemand auf dem Bahnhof.
c) Während des Gesprächs mit seinen Freunden kam ihm plötzlich eine Idee.

2. Durée

Comblez les lacunes :

a) ...... das Wetter gut bleibt, können wir im Garten zu Mittag essen.
b) Ich mache diese Arbeit solange, ... ich genug Geld verdient habe.
c) » Wie geht es dir, Großvater ? « » Danke, gut. ...... ich noch gesund bin... «
d) ...... er Adelheid kennengelernt hat, interessiert ihn kein anderes Mädchen mehr.
e) Sie fuhren weiter, ... sie eine Tankstelle fanden.
f) Ich habe mein Französisch fast vergessen. ...... ich nicht mehr in der Schule bin, spreche ich kaum noch Französisch.

g) » Wie lange muβ Papa im Krankenhaus bleiben ? « » ...... er wieder gesund ist. «

3. Antériorité – Postériorité

Mettez ***bevor, vor, vorher, nachdem, nach, nachher*** selon la structure de la phrase et le sens :

a) ...... der Schule ging er nicht gleich nach Hause, sondern bummelte noch ein biβchen mit seinen Freunden in der Stadt herum.
b) ...... du ins Bett gehst, muβt du dir die Zähne putzen.
c) Zuerst machst du deine Hausaufgaben ! Mit deinen Freunden kannst du ...... spielen.
d) Du kannst mich besuchen, wenn du willst. Aber bitte, ruf mich ...... an !
e) ...... er 5 Gläser Schnaps getrunken hatte, konnte er nicht mehr gehen, und muβte mit dem Auto nach Hause gebracht werden.
f) ...... und ...... den Nachrichten gibt es im Fernsehen Reklame.
g) ...... Georg den Text zweimal gelesen hatte, ohne ihn zu verstehen, ging er zu seiner Mutter und bat sie um Hilfe.
h) Wenn du willst, können wir uns am Sonntag sehen. ...... habe ich keine Zeit.
i) Am Abend ...... ihrer Abreise packte Frau Müller ihre Koffer.
j) ...... die alte Dame die Tür öffnete, fragte sie : » Wer ist da ? «
k) » Was machen wir heute nachmittag ? « » Wir gehen schwimmen. « » Und was machen wir ...... ? «

Corrigé p. 254

Quatrième partie

Civilisation

CHAPITRE 17

DAS SCHEITERN* DER WEIMARER REPUBLIK

Die erste deutsche Republik existierte 14 Jahre lang (November 1918 bis Januar 1933). Sie entstand Ende 1918 aus der **Niederlage*** des **Reiches*** im Weltkrieg. Eine Revolution zwang den letzten **Kaiser*,** Wilhelm II, abzudanken (9. November 1918) und machte den Weg für einen Neuanfang : Deutschland bekam eine demokratische **Verfassung*.**

Diese Demokratie hatte von Anfang an **mächtige* Feinde*,** denn die führenden **Schichten*** der Gesellschaft – Unternehmer, hohe Beamte, Offiziere, Universitätsprofessoren usw. – lehnten in ihrer **Mehrheit*** die neuen **Verhältnisse*** ab. Sie wünschten sich einen autoritären Staat nach dem Muster des Kaiserreiches. Ein System, in dem Parteipolitiker regierten und sogar ehemalige Arbeiter Minister werden konnten, war in ihren Augen **verächtlich*.**

Die Ressentiments gegen die Demokratie wurden durch die harten **Bedingungen*** des Versailler Vertrages gestärkt. Da die Regierungen der Weimarer Republik gezwungen waren, diese Bedingungen zu erfüllen und **sich mit** den Alliierten zu **verständigen*,** war es für die nationalistische Propaganda leicht, die demokratischen Politiker als **Verräter*** zu beschimpfen und für alles Unglück in Deutschland **verantwortlich*** zu machen. Daß der Versailler Vertrag eine Konsequenz der deutschen Politik von 1914 bis 1918 war, **verdrängte*** man. Die Weltwirtschaftskrise von 1929 mit ihren Folgen – Verarmung und hohe **Arbeitslosigkeit*** – führte zu einer Radikalisierung der Massen. Die Kommu-

*l'échec

*la défaite

*l'empire

*l'empereur

*la Constitution

*puissant

*l'ennemi

*la couche

*la majorité

*l'état des choses

*méprisable

*la condition

**sich verständigen mit* : s'entendre avec

*le traître

*responsable

*oubliait volontairement

*le chômage

*le membre
*l'électeur

*réaliser
*l'allié

*seulement

*rechnen zu : compter parmi
*apprivoiser

*amena à
*la figure de proue
*nommer

nisten, vor allem aber die Nationalsozialisten profitierten von der Krise, bekamen mehr **Mitglieder*** und mehr **Wähler*,** während die demokratischen Parteien schwächer wurden.

Die Rechtsparteien wollten die Krise benutzen, um ihren Traum von einem » starken «, autoritären Staat zu **verwirklichen*.** Dazu brauchten sie die Nationalsozialisten als **Verbündete*.** Sie wollten keine nationalsozialistische Diktatur, sie wollten Hitlers Partei **lediglich*** als Instrument für ihre eigenen, undemokratischen Pläne benutzen. Sie fanden die Nationalsozialisten zu radikal, **rechneten** sie aber **zu*** den » nationalen « Kräften, die man an der Regierung beteiligen und dadurch » **zähmen*** « müsse.

Solche Vorstellungen **bewogen*** den Reichspräsidenten von Hindenburg, **Galionsfigur*** der reaktionären Rechten, am 30. Januar 1933 Adolf Hitler zum Kanzler zu **ernennen*.** Hitler wurde Chef einer Koalitionsregierung, in der die Mehrheit der Minister keine Nationalsozialisten waren. Daher glaubten seine Koalitionspartner, ihn unter Kontrolle zu haben. Es zeigte sich schnell, daβ dies ein Irrtum war.

CHAPITRE 18

DIE NATIONALSOZIALISTISCHE DIKTATUR (1933-1945)

Die NSDAP

Die 1919 gegründete » Nationalsozialistische deutsche Arbeiterpartei « (NSDAP) war bis Ende der zwanziger Jahre nur eine von vielen rechtsradikalen **Splitterparteien*.** Im Krisenjahr 1923 hatte sie Aufsehen erregt, als Hitler versuchte, die Macht in Bayern zu übernehmen. Sein Putschversuch war gescheitert, und in den folgenden, relativ ruhigen Jahren der Republik spielte die NSDAP keine wichtige Rolle.

*parti marginal

Erst die Wirtschaftskrise mit ihren Folgen – Arbeitslosigkeit, Verarmung und verschärfte soziale Spannungen – brachte der NSDAP Wählerstimmen. Von 2,6 Prozent bei den Reichstagswahlen von 1928 stieg ihr Stimmenanteil 1930 auf 18,3 Prozent und im Juli 1932 auf 37,4 Prozent. Ein leichter Stimmenrückgang im November 1932 auf 33,1 Prozent ließ allerdings erkennen, daß die NSDAP die Grenzen ihres Wählerreservoirs erreicht hatte.

Die Partei war nach dem » Führerprinzip « aufgebaut, das dem Parteichef diktatorische **Vollmachten*** verlieh. Ihre straffe, militärische Organisation beeindruckte die Deutschen, die in den **Wirren*** der Zeit nach klarer Orientierung verlangten. Ihre **hemmungslose*** Propaganda, die alles Elend in Deutschland den Siegermächten, dem Versailler Vertrag und den demokratischen Politikern **in die Schuhe schob*,** befriedigte das Bedürfnis nach einfachen Erklärungen. Auch der Haß der Nationalsozialisten gegen alle Linken, wobei sie zwischen Kommunisten und demokratischen Sozialisten keinen Unterschied machten

*les pleins pouvoirs
*les troubles
*déchaînée

**in die Schuhe schieben* : mettre sur le dos

*suffisamment

*éphémère

– fand ein günstiges Echo in weiten Kreisen des Bürgertums, die sich vor der Revolution fürchteten. Die NSDAP hatte schon vor 1933 **hinreichend*** gezeigt, was für eine Partei sie war : ihre Gewalttaten und ihre Umsturzpläne hätten schon lange ein Verbot gerechtfertigt. Daβ es dazu nicht kam (auβer einigen **vorübergehenden*** Maβnahmen), lag daran, daβ die anderen. Rechtsparteien die NSDAP als möglichen Bündnispartner betrachteten. Sie fanden die Nationalsozialisten zwar zu radikal, sahen in ihnen aber » nationale « Kräfte, die sie für ihre anti-demokratischen Pläne gebrauchen konnten. Deshalb wollten sie mit Hitler nicht brechen.

Die Errichtung der Diktatur (1933)

Adolf Hitler war zunächst nur Kanzler einer Koalitionsregierung. Auβer ihm waren nur zwei Mitglieder der Regierung Nationalsozialisten. Nach der Verfassung hatte immer noch der Reichspräsident die gröβte Macht. Trotzdem gelang es Hitler und seiner Partei in einigen Monaten, ein diktatorisches Regime zu errichten.

*la loi sur les pleins pouvoirs

Der Reichstag entmachtete sich selbst, indem er am 23. März 1933 dem **» Ermächtigungsgesetz «*** zustimmte. Im April wurden die Länder » gleichgeschaltet «, d.h. sie wurden nationalsozialistischer Kontrolle unterworfen. Im Mai wurden die Gewerkschaften der » deutschen Arbeitsfront « eingegliedert. Ende Juli waren alle Parteien auβer der NSDAP verschwunden (durch Verbot oder Selbstauflösung) und der Einparteienstaat war errichtet.

*l'intimidation

*arbitraire

Dieses Ergebnis erreichten die Nationalsozialisten durch eine Mischung von **Einschüchterung*** und Verführung. **Willkürliche*** Verhaftungen, Verbote ohne Rechtsgrundlage und offener Terror dienten dazu, Widerstände zu überwinden. Andererseits wuβte Hitler den Eindruck zu erzeugen, als finde in Deutschland eine » nationale Revolution « statt.

Auch Menschen, die den Nationalsozialisten bisher nicht nahegestanden hatten, glaubten, mit Hitlers Machtantritt sei die Zeit der Demütigungen durch die Siegermächte, der Machtlosigkeit und der inneren **Zerrissenheit*** vorbei. Die Begeisterung darüber war so groß, daß man die permanenten Rechtsbrüche und die primitive Propaganda, die diese » Revolution « **kennzeichneten*,** hinnahm.

*déchirement

*caractériser

Antisemitismus und Judenverfolgung

Die Mehrheit der Deutschen teilte nicht den fanatischen Antisemitismus Hitlers und seiner **Gefolgsleute*.** Antisemitische Einstellungen in weniger extremer Form waren allerdings weit verbreitet. Es war eine **gängige*** Überzeugung, daß » die Juden « zuviel Geld hätten und eine zu große Rolle im kulturellen Leben spielten. Daher fanden die anti-jüdischen Maßnahmen, die schon 1933 begannen, keinen größeren Widerstand.

*les partisans

*courant

– Im April 1933 organisierten die Nationalsozialisten einen Boykott jüdischer Geschäfte und Banken. Im selben Monat begann die Entlassung jüdischer Beamter.

– 1935 machten die » Nürnberger Gesetze « Juden zu Bürgern minderen Rechts. Sexuelle Beziehungen zwischen Juden und Nicht-Juden wurden als » Blutschande « verboten. Eine große Zahl von Berufen wurde den Juden **untersagt*.**

*interdit

– Am 9. November 1938 wurden in ganz Deutschland jüdische Geschäfte **geplündert*,** Synagogen angezündet und jüdische Bürger **mißhandelt*,** manchmal ermordet. Über 26 000 Juden wurden verhaftet und in Konzentrationslager gebracht. Die Nationalsozialisten nannten diese Aktion wegen der vielen zerschlagenen Fensterscheiben zynisch » Kristallnacht «.

*pillé

*maltraités

– Seit 1941 mußten alle Juden außerhalb ihrer Wohnung den » Judenstern « tragen.

Die » Endlösung der Judenfrage «, d.h. der Versuch, das jüdische Volk zu vernichten, begann 1942. In allen besetzten Ländern wurden die Juden verhaftet und in Konzentrationslager gebracht. Die Absicht war, sie durch harte Arbeit, schlechte Ernährung und brutale Behandlung in den Tod zu treiben. Diejenigen, die diese Bedingungen überlebt hatten, sollten umgebracht werden, wenn man ihre Arbeitskraft eine Zeitlang ausgenutzt hatte. Kinder und Kranke sollten gleich getötet werden.
Dieses grauenvolle Programm wurde mit bürokratischer Perfektion in die Tat umgesetzt. Etwa 6 Millionen Juden wurden im Laufe des Krieges getötet. Diejenigen, die 1945 aus den Lagern befreit werden konnten, waren für den Rest ihres Lebens gezeichnet.

Hitlers Auβenpolitik bis 1939

Das erste Ziel der nationalsozialistischen Auβenpolitik war, Deutschland von den **Beschränkungen*** des Versailler Vertrages zu befreien.
– 1933 trat Deutschland aus dem Völkerbund aus.
– 1935 verkündete Hitler die allgemeine **Wehrpflicht*.** Damit verletzte er den Versailler Vertrag, der Deutschland nur ein **zahlenmäβig beschränktes*** Berufsheer erlaubte.
– 1936 besetzten deutsche Truppen das Rheinland, das nach dem Abkommen von Locarno entmilitarisiert bleiben sollte.
– 1938 erfolgte der » Anschluß « : deutsche Truppen marschierten in Österreich ein. Damit verwirklichte Hitler auf seine Weise die » groβdeutsche « Lösung, um die sich die deutschen Nationalisten des 19. Jahrhunderts vergeblich bemüht hatten.
Als nächstes verlangte Hitler die deutschsprachigen Gebiete der Tschechoslowakei, die Sudeten. Auch diesmal konnte er seine Wünsche durchsetzen. Bei der Münchener Konferenz von 1938 **lieβen**

*la restriction

*le service militaire

*quantitativement limité

England und Frankreich die Tschechoslowakei, mit der sie verbündet waren, **im Stich*** und erlaubten Deutschland die Besetzung der Sudeten.

**im Stich lassen :* abandonner

Hitler konnte diese Erfolge nur erringen, weil England und Frankreich unentschlossen und untereinander uneinig waren. Sie **scheuten*** einen Konflikt mit dem Reich und hofften, den Frieden durch Konzessionen zu retten.

*redoutaient

Nach der Annexion der Sudeten setzte Hitler jedoch seine aggressive Auβenpolitik fort. Im März 1939 veranlaβte er durch Drohungen die Slowakei, sich vom tschechoslowakischen Staat zu lösen. Das tschechische Gebiet (Böhmen und Mähren) lieβ er von der Wehrmacht besetzen und erklärte es zum » Reichsprotektorat «.

Damit war endgültig klar, daβ sich Hitlers Ambitionen nicht auf deutschsprachige Gebiete beschränkten. England und Frankreich waren nun zu keinen weiteren Konzessionen mehr bereit.

Der Zweite Weltkrieg

Die Ergebnisse der deutschen Auβenpolitik bis 1938, die in den Augen der meisten Deutschen gewaltige Erfolge darstellten, waren für Hitler nur **Vorstufen*** zu seinen eigentlichen Plänen. Er wollte Polen und Ruβland unterwerfen, um » Lebensraum « im Osten zu gewinnen. Die slawischen Völker, die er verachtete, sollten zu **Sklaven*** degradiert werden, die dem germanischen » Herrenvolk « zu dienen hätten. Ihre Führungsschicht sollte vernichtet werden.

*des étapes préparatoires

*les esclaves

• Der Überfall auf Polen

Nach der Zerschlagung der Tschechoslowakei beschloβ Hitler, gegen Polen vorzugehen. Frankreich und England dagegen versprachen Polen **Beistand*** im Falle eines deutschen Angriffs. In dieser Situation war entscheidend, welche Haltung die Sowjetunion einnehmen würde. Zur Überraschung

*le soutien

der Westmächte gelang es Hitler im August 1939, sich mit Stalin zu verständigen. Am 23. August wurde der Hitler-Stalin-Pakt unterzeichnet, am 31. August begann der deutsche Angriff auf Polen. Etwas später marschierte auch die rote Armee in Polen ein. Ende September war Polen besiegt und wurde zwischen dem Reich und der Sowjetunion geteilt. Die Behandlung der Bevölkerung durch die deutschen Besatzer war grausam : etwa 6 Millionen Polen, darunter rund 3 Millionen Juden, kamen während der Besatzungszeit ums Leben.

• Die Ausweitung zum Weltkrieg

England und Frankreich respektierten, für Hitler unerwartet, ihre Garantieerklärung für Polen und erklärten dem Reich am 3. September 1939 den Krieg. Zwar wurde Frankreich 1940 in kurzer Zeit besiegt, aber England setzte den Kampf fort. Hitler hatte einen Krieg mit England vermeiden wollen; nun wurde es unter seinem Premierminister Winston Churchill zu seinem entschiedensten Gegner.

Um England niederzuwerfen, plante die Wehrmacht eine Invasion; sie mußte diesen Plan aber im Herbst 1940 fallenlassen, weil es ihr nicht gelang, die englische **Luftwaffe*** auszuschalten. Die » Luftschlacht « um England wurde Hitlers erste große Niederlage.

*l'armée de l'air

Hitlers weitere Aktionen – der Kampf in Nordafrika, der Krieg gegen Rußland, das Bündnis mit Japan – waren wesentlich vom Kampf mit England bestimmt: da England nicht direkt besiegt werden konnte, wollte man ihm durch Siege an anderen Fronten zeigen, daß sein Kampf gegen das Reich hoffnungslos war.

Im Juni 1941 griff Deutschland die Sowjetunion an; auch dieser Angriff war zunächst erfolgreich, aber mit der Niederlage der Deutschen bei Stalingrad (Januar-Februar 1943) trat die **Wende*** ein. Seit diesem Moment drang die Rote Armee **stetig***

*le tournant
*continuellement

nach Westen vor; der Krieg im Osten war für Deutschland verloren.
Das Bündnis mit Japan führte dazu, daβ Deutschland auch den USA den Krieg erklärte : Als Japan am 6. Dezember 1941 die amerikanische Flotte in Pearl Harbour angriff und damit den Krieg gegen die USA eröffnete, stellte sich Deutschland ein paar Tage später auf die Seite Japans.
Unter der Führung der USA **landeten*** die Alliierten im November 1942 in Nordafrika, im September 1943 in Süditalien und im Juni 1944 in der Normandie. Spätestens seit diesem Moment war der Ausgang des Krieges gewiβ.

*débarquèrent

Der deutsche Widerstand

Nachdem Hitler seine Diktatur in relativ kurzer Zeit errichtet hatte, waren offener **Widerstand*** gegen das Regime oder auch nur Kritik nicht mehr möglich. Die Presse unterlag der Zensur, politische Tätigkeit auβerhalb der NSDAP war verboten, viele oppositionelle Politiker kamen in Konzentrationslager.

*la résistance

Trotzdem **paβten sich** nicht alle Menschen dem neuen Regime **an*.** Kommunisten und Sozialdemokraten waren von vornherein Gegner des Regimes, aber es gab auch Liberale und Konservative, die den Nationalsozialismus ablehnten. Die katholische Kirche blieb eine der wenigen Institutionen, die sich der **Durchdringung*** durch die Partei entziehen konnten ; in der evangelischen Kirche entstand eine Gruppe, die **» bekennende Kirche «*,** die die christliche Lehre gegen die nationalsozialistische Ideologie verteidigte.

**sich anpassen :* s'adapter

*la pénétration

*l'église confessante

Eine Chance, das Regime zu **stürzen*,** hatten allerdings nur leitende Beamte und Militärs, da nur sie **Zugang*** zu den **Machthabern*** hatten. Eine Widerstandsgruppe aus diesem Personenkreis bildete sich um den General Ludwig Beck und den

*renverser

*l'accès

*le détenteur du pouvoir

Obersten von Staufenberg. 1944 entschloβ sich diese, Hitler durch ein Attentat zu beseitigen und im Staatsstreich die Macht zu übernehmen.
Die Bombe, die Staufenberg am 20. Juli ins Führerhauptquartier brachte, explodierte zwar, tötete Hitler jedoch nicht. Damit fehlte die wichtigste Voraussetzung für den Erfolg des Plans. Sobald bekannt wurde, daβ Hitler noch lebte, **brach** der Staatsstreich **zusammen*** Einige Offiziere, darunter Staufenberg, wurden sogleich erschossen, andere später zum Tode verurteilt. Tausende von Menschen, die den Verschwörern mehr oder weniger nahegestanden hatten, wurden verhaftet und zum Tode oder zu Gefängnisstrafen verurteilt.

zusammenbrechen : s'effondrer

Kriegsende und Kapitulation

Auch als an dem Ausgang des Krieges kein Zweifel mehr bestand, wurde er mit unverminderter Heftigkeit weitergeführt.
Zweifel am Sinn der Fortsetzung des Krieges waren nicht erlaubt ; wer defätistische Äuβerungen machte oder feindliche Radionachrichten hörte, riskierte die Todesstrafe. Als schon die meisten deutschen Groβstädte in Trümmern lagen und die Truppen der Alliierten die Grenzen überschritten hatten, zog man Schüler zum Kriegsdienst ein, damit sie feindliche Panzer aufhielten oder als » **Flakhelfer*** « auf alliierte Flugzeuge schossen. Erst am 30. April 1945, als Berlin schon fast von russischen Truppen **erobert*** war, gab Hitler auf, indem er Selbstmord beging.
Die Alliierten hatten sich darauf verständigt, daβ der Krieg durch eine bedingungslose Kapitulation Deutschlands beendet werden sollte. Dieses Ziel wurde eine Woche nach Hitlers Tod, am 8. Mai, erreicht. In zwei getrennten Auftritten (im amerikanischen Hauptquartier in Reims und im russischen Hauptquartier in Berlin-Karlshorst) muβten

**die Flak* : abréviation pour *Flugabwehrkanone*
**erobern* : conquérir

deutsche **Befehlshaber*** die **Kapitulationsurkunden*** unterschreiben.
Die Kapitulation bedeutete, daβ es keine deutsche Regierung mehr gab. Die gesamte Autorität lag nun in den Händen der Sieger.

*le chef militaire
**die Urkunde :* l'acte officiel, le document

CHAPITRE 19

DIE BESATZUNGSZEIT (1945-1949)

Die alliierte Verwaltung

Deutschland wurde in vier Besatzungszonen aufgeteilt, eine russische, amerikanische, britische und französische. Der militärische Befehlshaber jeder Zone war dort zugleich die höchste politische Instanz.
Analog wurde die Reichshauptstadt Berlin in vier » Sektoren « aufgeteilt. Die westliche Hälfte Berlins wurde von den USA, England und Frankreich besetzt. Die besondere Lage der drei » Westsektoren « bestand darin, daβ sie von sowjetisch besetztem Gebiet umgeben waren.
Es gab auch ein gemeinsames Organ der Besatzungsmächte, den » Alliierten Kontrollrat «, der für eine einheitliche Verwaltung Deutschlands sorgen sollte. Diese Absicht wurde allerdings nicht verwirklicht, weil bald die Gegensätze zwischen den westlichen Vorstellungen und denen der Sowjetunion eine Zusammenarbeit unmöglich machten.

Die Vertreibung aus dem Osten

Das Vordringen der Roten Armee nach Westen **löste** eine **massenhafte*** Flucht der deutschen Bevölkerung **aus*.** Die Deutschen wurden aus Ostdeutschland und den Sudeten **vertrieben*.** Das östliche Deutschland bis zur Oder-Neiβe-Linie wurde Polen zugesprochen, das Sudetenland wurde wieder Teil der Tschechoslowakei.
Die **Vertreibung*** bedeutete für die **Betroffenen*** nicht nur den Verlust ihrer Heimat und ihres Besitzes, sondern sie war auch mit groβen Leiden

**auslösen :* déclencher
*en masse
**vertreiben :* expulser

*l'expulsion
*les personnes concernées

verbunden. Etwa 14 Millionen Menschen wurden vertrieben, 2 Millionen kamen dabei um.

*der Flüchtling : le fugitif, l'émigré

Für die besetzten Zonen, die die **Flüchtlinge*** aufnehmen mußten, war deren Unterbringung und Versorgung ein schweres Problem.

Deutschland nach der » Stunde Null «

Anders als nach dem Ersten Weltkrieg begriffen die Deutschen diesmal, daß sie eine totale Niederlage erlitten hatten, und daß dafür die verbrecherische Politik Hitlers verantwortlich war. So kam es, daß die Nazi-Ideologie, die 12 Jahre über Deutschland geherrscht hatte, nach dem Ende des Krieges kaum noch Anhänger hatte. Die jetzt möglichen genauen Informationen über Judenverfolgung, Konzentrationslager, deutsche Grausamkeiten in den besetzten Gebieten usw. zwangen die Deutschen, ihre Vergangenheit kritisch zu betrachten. Die Mehrheit war nun bereit, einen neuen Anfang unter der Führung der Besatzungsmächte zu machen.

*urgent

*aggraver

Die **dringendste*** Sorge war allerdings das materielle Überleben. Die Wohnungsnot war groß, da die größeren Städte, aber auch mittlere und kleine durch Bomben zerstört waren. Die Energieversorgung war zusammengebrochen. Die Beschaffung von Nahrungsmitteln war mühsam Die Ankunft der Flüchtlinge aus dem Osten **verschärfte*** die Probleme.

Währungsreform und Berlin-Blockade

Das Verhalten der sowjetischen Besatzungsmacht in ihrer Zone unterschied sich wesentlich von dem der westlichen Besatzungsmächte :

*die Anlage : l'installation
*der Rohstoff : la matière première

– Wirtschaftlich wollte sie vor allem von der Zone profitieren, indem sie Güter (**Industrieanlagen*, Rohstoffe*** usw.) in die Sowjetunion transportierte. Die Westalliierten wollten stärker auf die Bedürfnisse der deutschen Bevölkerung Rücksicht nehmen. Sie glaubten, daß eine Wiederbelebung der deutschen Wirtschaft auch in ihrem eigenen Interesse läge.

– In der sowjetischen Zone entwickelte sich eine Ein-Parteien-Diktatur nach sowjetischem Muster. Die Kommunistische Partei erhielt alle **Schlüsselpositionen*** im Staat. Die SPD wurde gezwungen, sich mit der KPD zu vereinigen. Es entstand die SED (sozialistische Einheitspartei Deutschlands), die bis 1989 das Machtmonopol im östlichen Deutschland besaβ. Die Westalliierten dagegen lieβen in ihren Zonen ein pluralistisches Parteien-System entstehen. Sie wollten in Deutschland eine Demokratie nach westlichem Muster gründen.

die Schlüssel-position : la position clé

Die Gegensätze in der Deutschlandpolitik und in anderen internationalen Fragen führten zum » Kalten Krieg « und zur deutschen Teilung. Ende 1946 beschlossen die USA und England, ihre Zonen zu einer Wirtschaftszone (» Bizone «) zusammenzulegen. Dann wurde eine Währungsreform beschlossen, der auch Frankreich für seine Zone beitrat. Sie wurde am 20. und 21. Juni 1948 durchgeführt. Damit war auf wirtschaftlichem Gebiet die Teilung Deutschlands vollzogen.

Die Sowjetunion wünschte nicht, daβ im Westen ein deutscher Staat entstand, der den Westmächten als anti-kommunistisches **Bollwerk*** dienen würde. Sie reagierten, indem sie am 24. Juni 1946 alle Zufahrtswege nach Westberlin sperrten. Die Bewohner und die Besatzungen waren eingeschlossen, der Verkehr mit dem Westen war nur noch durch die Luft möglich.

*le bastion

In dieser dramatischen Situation organisierte der amerikanische Militärgouverneur in Deutschland, General Clay, die » Luftbrücke «, d.h. die **Versorgung*** Westberlins allein durch Flugzeuge. Es war eine auβerordentliche Leistung, alle nötigen Güter für eine Millionenstadt (Nahrungsmittel, Kohlen, Baumaterialien usw.) allein mit Flugzeugen

*l'approvisionnement

heranzuschaffen. Sie erlaubte Berlin, trotz der Blockade fast ein Jahr lang durchzuhalten. Dann erkannte die Sowjetunion, daβ sie auf diese Weise ihr Ziel nicht erreichte. Sie beendete die Berlin-Blockade in demselben Monat, in dem die Bundesrepublik gegründet wurde (Mai 1949).

CHAPITRE 20

DIE ZEIT DER TEILUNG (1949-1989)

Die Gründung der Bundesrepublik

Je mehr sich die westlichen Länder durch den kommunistischen Block bedroht fühlten, desto mehr waren sie daran interessiert, in Westdeutschland einen wirtschaftlich leistungsfähigen und politisch stabilen Staat zu schaffen, der das westliche Lager in Europa stärkte. Insofern war der Kalte Krieg für die Westdeutschen eine Chance : man brauchte sie als Verbündete, und sie bekamen dafür westliche Hilfe und einen eigenen Staat. Der Preis dafür – den vor allem die Ostdeutschen zahlten – war allerdings der Verlust der Einheit.

Das Gründungsdatum der Bundesrepublik ist der 24. Mai 1949, der Tag, an dem die Verfassung des neuen Staates, das » Grundgesetz «, **in Kraft trat***. Im August wurde das Parlament, der » Bundestag «, gewählt. Im September traten der Bundespräsident und der Bundeskanzler ihr Amt an. Damit waren die wichtigsten Institutionen des neuen Staates besetzt.

**in Kraft treten :* entrer en vigueur

Die Gründung der DDR

Die offizielle Gründung des östlichen Staates erfolgte später als die der Bundesrepublik. Mit dieser Verzögerung wollte die Sowjetunion beweisen, daβ der Westen an der Teilung schuld sei, da er zuerst einen Teilstaat in Deutschland gegründet habe. Mit dem Vorwurf, die westlichen Besatzungsmächte hätten die Einheit Deutschlands zerstört, hoffte die Sowjetunion, die westdeutsche Bevölkerung **gegen*** die Westmächte **aufzubringen***.

**aufbringen gegen :* dresser contre

Die Verfassung des neuen Staates, der » Deutsche Demokratischen Republik « (DDR), trat am 7 Oktober 1949 in Kraft. Nach ihrem Wortlaut war es die Verfassung eines demokratisch-parlamentarischen Staates. Mit der Wirklichkeit hatte das allerdings wenig zu tun, denn die Rechte, die die Verfassung den Bürgern garantierte, wurden nicht respektiert, und das Parlament vollzog nur, was die Partei beschlossen hatte. Die reale Macht lag in den Händen der SED, die ihrerseits ihre **Weisungen*** aus Moskau erhielt. Trotz ihres Namens war die DDR keine Demokratie, sondern eine Diktatur.

die Weisung : l'ordre

Die Entwicklung der Bundesrepublik

• Konrad Adenauer

Als erster Bundeskanzler wurde Konrad Adenauer gewählt, der im September 1949 schon 73 Jahre alt war. Obwohl Adenauer in vieler Hinsicht ein konservativer Mann war, **trat** er **für** einige wichtige Neuerungen **ein* :**

*eintreten für : défendre (des convictions)

– Er beteiligte sich an der Gründung einer neuen Partei, der CDU (Christlich-Demokratische Union), die als Volkspartei für evangelische und katholische Christen offen war. Sie unterschied sich damit vom » Zentrum «, der rein katholischen Partei der Weimarer Republik.

– Adenauer trat für eine enge **Bindung*** der Bundesrepublik an die westlichen Demokratien ein. Besonders lag ihm die **Aussöhnung*** mit Frankreich am Herzen. Diese Orientierung stand im Gegensatz zu den anti-westlichen Ressentiments, die bisher in der deutschen Politik eine so große Rolle gespielt hatten.

*le lien

*la réconciliation

– Auch als Person symbolisierte Adenauer einen neuen Geist. In der bisherigen deutschen Geschichte waren die » starken Männer « Kaiser, Könige, Militärs oder mindestens Adlige gewesen. Adenauer dagegen war ein bürgerlicher Politiker (er hatte seine Karriere als Kommunalpolitiker gemacht und war lange Jahre Bürgermeister von Köln gewesen).Trotzdem war er unbestreitbar ein » starker Mann «, denn er regierte die Bundesrepublik 14 Jahre lang (1949-63), mit groβer Autorität.

• Die Westintegration

1954 trat die Bundesrepublik dem Nordatlantik-Pakt bei. Damit war die Entscheidung verbunden, wieder eine deutsche Armee, die » Bundeswehr « aufzustellen.

Die Westmächte hatten zwei Gründe, die ehemaligen Feinde schon 9 Jahre nach Kriegsende in ihr Bündnis aufzunehmen : einerseits sollte die Bundesrepublik auch militärisch zur Stärkung des westlichen Lagers beitragen ; andererseits sollte sie durch die Integration in das Bündnis unter westlicher Kontrolle bleiben, denn die Angst, Deutschland könnte sich eines Tages wieder in militärische Abenteuer stürzen, war in den westlichen Ländern, vor allem in Frankreich, noch lebendig.

Für die Bundesrepublik hatte das Bündnis den Vorteil, daβ sie zu einem souveränen Staat wurde. Das » **Besatzungsstatut «*** wurde aufgehoben, aus einem besetzten Gebiet wurde ein Bündnispartner. Der Preis für diese Entscheidung war allerdings, daβ die deutsche Teilung für lange Zeit **festgeschrieben*** wurde. Adenauer verfolgte diesen Kurs unbeirrt, obwohl man ihm in Deutschland vorwarf, er verzichte leichten Herzens auf die deutsche Einheit. Er behauptete, Westdeutschland müsse stark werden und fest im Westen **verankert*** sein ; dann würde es für die Sowjetunion vorteilhafter sein, sich mit diesem Staat zu verständigen, als den ostdeutschen Staat mit Gewalt aufrechtzuerhalten. Man kann sagen, daβ Adenauer recht behalten hat, zu seinen Lebzeiten allerdings erschien diese Prophezeiung als Illusion.

*l'ensemble des lois réglant l'occupation

**festschreiben :* cimenter

**verankern :* ancrer

*le pilier

Der zweite **Pfeiler*** der deutschen Westpolitik war die Beteiligung am Aufbau der europäischen Institutionen. 1958 wurde die Bundesrepublik Mitglied der EWG (Europäische Wirtschaftsgemeinschaft). Die Begeisterung für die europäische Einigung war in Deutschland groβ. Sie bot sich als Ersatz für den Nationalismus an, der nach den nationalistischen Exzessen der Vergangenheit und angesichts der Teilung keinen Sinn mehr zu haben schien.

• Das » Wirtschaftswunder «

Durch die Währungsreform von 1948 war eine wesentliche Voraussetzung für den wirtschaftlichen Wiederaufbau geschaffen.

Für die weitere Entwicklung wurde wichtig, daβ die Bundesregierung sozialistische Ideen, die in den Nachkriegsjahren auch im westlichen Deutschland viele Anhänger hatten, ablehnte und einen konsequent liberalen Kurs steuerte. Man nannte die Wirtschaftsordnung, die man in Westdeutschland errichtete, » Soziale Marktwirtschaft «. Sie bedeutet, daβ die Wirtschaft sich am besten bei freiem Wettbewerb entwickelt. Der Staat soll die Wirtschaft nur regulieren, damit der **Wettbewerb*** nicht (z.B. durch Monopole) **beeinträchtigt*** wird. Er hat auch dafür zu sorgen, daβ alle Schichten des Volkes vom Wirtschaftswachstum profitieren, und denen zu helfen, die nicht aus eigener Kraft für sich sorgen können (Kranke, Behinderte, Arbeitslose usw.).

*la compétition
*entraver

In den fünfziger und sechziger Jahren erlebte die Bundesrepublik ein schnelles Wirtschaftswachstum, das so eindrucksvoll war, daβ man vom » Wirtschaftswunder « sprach. Dieser Erfolg gab den Deutschen neues Selbstbewuβtsein. Sie konnten wieder auf etwas stolz sein. Allerdings fehlte es nicht an Kritikern, die ihren **Landsleuten*** vorwarfen, sich nur noch für den materiellen **Wohlstand*** zu interessieren.

**der Landsmann* (pl. : *die Landsleute*) : le compatriote
*la prospérité

Die Entwicklung der DDR

• Reformen

Gemäß* der Doktrin des » Marxismus-Leninismus «, der offiziellen Ideologie der DDR , wurde die Gesellschaft umgestaltet :

*selon

– Unter Leitung der sowjetischen Besatzung begann schon im Herbst 1945 eine **Bodenreform*.** Güter über 100 Hektar wurden enteignet. Damit verloren die » ostelbischen **Junker*** «, die in der deutschen Geschichte eine so große Rolle gespielt hatten, ihre wirtschaftliche Basis.

*la réforme foncière
*le hobereau

– Im Laufe der fünfziger Jahre wurde die gesamte Landwirtschaft » kollektiviert «, d.h. die Bauern wurden gezwungen, ihre Höfe zu Großbetrieben zusammenzulegen, die man » **Landwirtschaftliche Produktionsgenossenschaften*** « (LPG) nannte.

**die Genossenschaft* : l'association

– Industrie – und **Handelsbetriebe*** wurden schrittweise verstaatlicht und in » **volkseigene*** Betriebe « (VEB) verwandelt. Sie wurden zu großen Einheiten (Kombinaten) zusammengefaßt. Die gesamte Produktion wurde von einer staatlichen **Behörde*** zentral geplant. Diese » Planwirtschaft « war das genaue Gegenteil der in Westdeutschland praktizierten Marktwirtschaft.

**der Betrieb* : l'entreprise, l'exploitation
*appartenant au peuple
*l'office

– Wie in der Nazi-Zeit bemühte sich die herrschende Partei, das gesellschaftliche Leben **in den Griff** zu **bekommen*.** Für die Kinder wurde die Organisation » Junge Pioniere « geschaffen, für Jugendliche die FDJ (» Freie Deutsche Jugend «). Wer Nachteile in Ausbildung und Beruf vermeiden wollte, mußte diesen **Verbänden*** beitreten. Die Gewerkschaften wurden zu einer Filiale der Partei ; Justiz, Schule und Universität, Presse und Verlage wurden der Kontrolle der Partei unterworfen. Nur die Kirchen konnten eine gewisse Autonomie bewahren. Die evangelische Kirche wurde sogar zu einem Zentrum der Opposition.

*se rendre maître de

**der Verband* : l'association

• Der Bau der Mauer (1961)

Daβ die SED-Herrschaft in der Bevölkerung unbeliebt war, hatte sich schon 1953 gezeigt, als eine Demonstration von unzufriedenen Arbeitern in Berlin sich zu einem Aufstand ausweitete (17. Juni). Durch das Eingreifen sowjetischer Truppen wurde damals das Regime gerettet.

Die geringe Attraktivität des DDR-Systems kam auch dadurch zum Ausdruck, daβ viele Bewohner in den Westen flohen. Dies war bis 1961 noch relativ leicht über Berlin möglich. Die Stadt hatte zwar seit 1948 getrennte Verwaltungen, aber man konnte noch frei zwischen Ost- und Westberlin verkehren. Von Westberlin konnte man dann mit dem Flugzeug nach Westdeutschland fliegen.

Von 1949 bis 1961 verlieβen ungefähr 2,7 Millionen Menschen die DDR. Diese Fluchtbewegung befreite das Regime von unzufriedenen Bürgern, **beraubte*** es aber auch vieler qualifizierter Arbeitskräfte. Auβerdem desorganisierte es Verwaltung und Wirtschaft, weil man nie sicher sein konnte, ob ein Mitarbeiter, **auf** den man **angewiesen war*,** nicht plötzlich heimlich verschwinden würde.

**berauben :* priver

**angewiesen sein auf :* avoir besoin de

Da es der Sowjetunion nicht gelang, den Status von Westberlin zu verändern, entschloβ sie sich 1961, die Flucht aus der DDR dadurch unmöglich zu machen, daβ sie die Grenze zwischen den beiden Stadtteilen schloβ. Am 13. August 1961 begann die Errichtung der Mauer. Die Westmächte protestierten zwar gegen diese Maβnahme, taten aber nichts, um sie **rückgängig zu machen*.** Sie hätten einen Krieg riskiert, wenn sie versucht hätten, die Mauer mit Gewalt zu beseitigen.

**rückgängig machen :* annuler

Die innerdeutschen Beziehungen

• Die Politik der Nichtanerkennung

Nach der Gründung der DDR weigerte man sich zunächst in Westdeutschland, den neuen Staat anzuerkennen. Man verwendete nicht einmal den Namen » DDR «, sondern sagte weiter » Ostzone «, » Sowjetische Besatzungszone « (SBZ) oder im äußersten Fall » **sogenannte*** DDR «. Die Bundesregierung weigerte sich, mit der DDR-Regierung offiziell zu verhandeln. Sie übte auch auf andere Staaten **Druck*** aus, damit sie keine diplomatischen Beziehungen mit der DDR aufnahmen.

*soi-disant, prétendu

*la pression

Die Bundesregierung erreichte dadurch, daß nur wenige Staaten außerhalb des Ostblocks die DDR anerkannten. Der zweite deutsche Staat war international isoliert. Man konnte das als einen Erfolg betrachten, aber an der Tatsache der Teilung änderte sich nichts.

• Willy Brandts » Ostpolitik «

Als 1969 der Sozialdemokrat Willy Brandt Bundeskanzler wurde, brachte er durch eine neue Politik Bewegung in die Ost-West-Beziehungen. Er **ging davon aus, daß*** man sich für längere Zeit mit der Existenz der DDR abfinden müsse. Daher käme es darauf an, die Lebensbedingungen der DDR-Bevölkerung zu verbessern und die Kontakte zwischen den Menschen aus Ost und Westdeutschland zu fördern. Man mußte verhindern, daß die Menschen sich nicht mehr sahen und schließlich vergaßen, daß sie zu einer Nation gehörten. Deshalb war es nötig, mit der DDR-Regierung zu verhandeln.

*_davon ausgehen, **daß**_ : partir du constat que

Außerdem nahm Willy Brandt an, daß sich die kommunistischen Diktaturen in einem Klima der Entspannung liberalisieren würden. Er nannte das **» Wandel*** durch **Annäherung* «.** Zwar würde das den Ost-West-Gegensatz nicht aufheben, aber es würde ihn weniger gefährlich und für die Menschen erträglicher machen.

*le changement
*le rapprochement

Die Brandt-Regierung war bereit, die DDR anzuerkennen. Als Gegenleistung verlangte sie Verbesserungen für den Verkehr zwischen Ost- und Westdeutschland und Ost- und Westberlin.

*la détente

Da auch die Sowjetunion damals an **Entspannung*** interessiert war, konnte Brandt sein Konzept verwirklichen. Die DDR wurde anerkannt, und beide deutschen Staaten wurden Mitglied der Vereinten Nationen (UNO). In einer Reihe von Verträgen (» Moskauer Vertrag « 1970, » Warschauer Vertrag « 1970, » Grundlagenvertrag « 1972) wurden die Beziehungen der Bundesrepublik zu ihren östlichen Nachbarn verbessert. Die Vertragspartner erklärten, daβ sie auf Gewalt und Drohung mit Gewalt verzichten wollten. Die Bundesregierung erkannte die Oder-Neiβe-Linie als Westgrenze Polens an. Die Beziehungen der Bundesrepublik zur DDR wurden durch den » Grundlagenvertrag « geregelt. Hinzu kam ein Vier-Mächte-Abkommen über Berlin, das die Streitigkeiten über den Status der Stadt und die **Zufahrtswege*** weitgehend beendete.

*les voies d'accès

Die neue Politik und das System der Verträge bestimmten fast 20 Jahre lang die Beziehungen der Bundesrepublik zu ihren östlichen Nachbarn. Die Zahl der Besuche von Westdeutschen und Westberlinern in der DDR stieg **beträchtlich*.** Auch Besuche von DDR-Bürgern im Westen, bisher fast unmöglich, wurden nun häufiger, da DDR-Bürger das Recht erhielten, Verwandte im Westen zu Geburtstagen, Hochzeiten usw. zu besuchen.

*considérablement

Die deutsche Politik trug auch zur allgemeinen Ost-West-Entspannung bei. Bisher hatten die Streitigkeiten um Deutschland das Ost-West-Verhältnis ständig **belastet*.** Dies wurde durch die neue Ostpolitik anders. Die Gegensätzlichkeit der politischen Systeme und Ideologien blieb allerdings bestehen.

**belasten* : rendre difficile

CHAPITRE 21

DIE VEREINIGUNG (1989-1990)

Gorbatschows » Perestroika* «

*en russe « reconstruction » : nom donné à la politique de réformes

Erst die Reformpolitik Gorbatschows, der 1985 Generalsekretär der KPDSU (Kommunistische Partei der Sowjetunion) wurde, brachte eine völlige Veränderung der Nachkriegssituation mit sich. Im Innern trat Gorbatschow für größere Meinungsfreiheit und Mitbestimmung ein, in der Außenpolitik wollte er **Abrüstung*** und ein Ende der Konfrontation. Dazu gehörte, daß die Sowjetunion nicht mehr daran interessiert war, die kommunistischen Diktaturen Osteuropas mit Gewalt gegen den Willen ihrer Völker aufrechtzuerhalten.

*le désarmement

Die Bevölkerung der DDR verfolgte die Entwicklung in der Sowjetunion mit großer Sympathie und hoffte, daß die DDR wie früher dem Beispiel des » großen Bruders « folgen würde. Die DDR-Führung aber hatte Angst vor Demokratisierung und Liberalisierung. Sie behauptete, die DDR sei ein wohlgeordneter Staat und brauche keine Reformen. Zum ersten Mal in ihrer Geschichte zeigte die DDR gegenüber der Sowjetunion Selbständigkeit – allerdings mit dem Ziel, das diktatorische System, das die Sowjetunion ihr aufgezwungen hatte, zu erhalten.

Die Krise der DDR und der Fall der Mauer

Während Polen und Ungarn von dem neuen sowjetischen Kurs profitierten, um ihren Staat zu demokratisieren, hielt die DDR-Führung **starr*** am alten System fest. Die Unruhe und Ungeduld in der DDR-

*inflexible

Bevölkerung wuchs. Sie drückte sich zunächst in einer groβen Fluchtbewegung aus.

Zwar war es nicht möglich, direkt aus Ostdeutschland nach Westdeutschland zu fliehen. Aber die Flüchtlinge wählten den Weg über andere Ostblockländer. Sie begaben sich in die westdeutschen Botschaften in Warschau, Prag oder Budapest und lieβen sich von dort nach Westdeutschland bringen. Eine andere Fluchtmöglichkeit eröffnete die ungarische Regierung : sie beseitigte im Sommer 1989 die **Grenzbefestigungen*** zu Österreich und erklärte im September, sie würde DDR-Bürger nicht mehr hindern, sich über die ungarische Grenze nach Österreich zu begeben.

**die Befestigung : la fortification*

„Gratuliere!"

Von Horst Haizinger, aus *Der Spiegel,* 9. Oktober 1989.

Die Massenflucht steigerte die Erregung in der DDR. Die Vertreter der Opposition erklärten, es sei keine Lösung, wenn die unzufriedenen Bürger weggingen; der Staat müβte vielmehr reformiert werden, damit alle Bürger den Wunsch hätten zu bleiben. Im Oktober wurden die Forderungen massiver. In vielen Städten, vor allem in Leipzig, fanden gewaltige Demonstrationenstatt.

Für die DDR-Führung stellte sich die Frage, ob sie die Demonstrationen gewaltsam unterdrücken oder den Forderungen entgegenkommen sollte. Sie entschied sich für die zweite Möglichkeit, wohl vor allem deshalb, weil sie wußte, daß Moskau eine blutige Aktion gegen die Demonstranten nicht unterstützen würde. Am 18. Oktober zwang das **Polit-Büro*** der SED den Vorsitzenden Erich Honecker zum Rücktritt. Sein **Sturz*** war der Anfang der » Wende « und kündigte das Ende des SED-Staates an.

*le bureau politique
*la chute, la destitution

Wenig später sahen die Fernsehzuschauer der ganzen Welt mit Staunen, wie sich in der Nacht vom 9. zum 10. November Tausende von West- und Ostberlinern an der Mauer trafen, um das Ende der Trennung zu feiern. Die Mauer, das weltbekannte Symbol der Teilung Berlins, Deutschlands und Europas, **hatte ausgedient*.**

**ausgedient haben* : ne plus servir à rien

Die staatliche Vereinigung

Die Demonstranten hatten zunächst nur eine Reform der DDR gefordert, nicht die Vereinigung mit der Bundesrepublik. Im November aber zeigte sich, daß gerade in der DDR der Wunsch nach Einheit sehr stark war. Bei den Demonstrationen wurde nicht mehr gerufen » Wir sind das Volk «, sondern » Wir sind ein Volk «. Der Ruf nach Demokratisierung verband sich mit dem Ruf nach Einheit.

Diese Stimmung wurde vom Bundeskanzler Helmut Kohl verstanden und zum politischen Programm erhoben. Während die westdeutsche Öffentlichkeit noch skeptisch war, strebte er konsequent die Vereinigung an.

Sie erfolgte in drei Schritten :

– Am 18. März 1990 wurden demokratische Wahlen in der DDR durchgeführt. Dabei erhielt die Ost-CDU, die das Programm des Kanzlers übernommen hatte, die Mehrheit. Mit der neuen DDR-Regierung handelte die Bundesregierung den » Einigungsvertrag « aus.

– Am 1. Juli 1990 wurde die Währungseinheit verwirklicht, d.h. die westdeutsche D-Mark wurde auch in der DDR eingeführt.

– Die offizielle staatliche Vereinigung fand am 3. Oktober 1990 statt. Juristisch handelte es sich um den Beitritt der DDR zur Bundesrepublik. Daher heißt auch der neue Staat » Bundesrepublik «.

Die Verschiedenheit der beiden Teile Deutschlands, die über 40 Jahre lang getrennt gelebt haben, ist damit allerdings nicht beseitigt. Der Wiederaufbau der DDR-Wirtschaft, die Angleichung des Lebensniveaus und die » psychologische « Vereinigung sind schwierige und kostspielige Aufgaben. Sie brauchen Zeit und sind auch heute noch nicht abgeschlossen.

Kiel
SCHLESWIG-HOLSTEIN
MECKLENBURG-VORPOMMERN
Schwerin
HAMBURG
BREMEN
BRANDENBURG
NIEDERSACHSEN
BERLIN
Hannover
Potsdam
Magdeburg
Rhein
NORDRHEIN-WESTFALEN
SACHSEN-ANHALT
Elbe
Düsseldorf
Dresden
Erfurt
BONN
SACHSEN
THÜRINGEN
HESSEN
Wiesbaden
RHEINLAND-PFALZ
Mainz
SAARLAND
Saarbrücken
BAYERN
Stuttgart
Donau
BADEN-WÜRTTEMBERG
München

Corrigés

CORRIGÉS DES EXERCICES DE LA PREMIÈRE PARTIE

Exercice 1, p. 31, *Berlin, Grolmannstraβe*

1. 1. Le texte comprend cinq personnages « le garçon, le narrateur et sa mère. Le personnage de « Tante Lucie » n'apparaît que dans la deuxième partie, mais il est question d'elle d'un bout à l'autre du texte : elle est le personnage principal, évoqué dès la première phrase, une amie de la mère à qui celle-ci rend régulièrement visite en compagnie de son fils. Ces derniers croisent dans la rue un garçon juif d'une douzaine d'années (premier paragraphe) et un nazi dans la cage d'escalier (fin du texte).
2. Le récit est divisé en deux parties, marquées par une rupture typographique (un blanc entre les paragraphes) et une ellipse temporelle » *Einmal, als wir im Regen die Straβe entlanggehn* «, » *Zwei Wochen später* «.
L'action se déroule dans quatre lieux distincts : la rue » *die Straβe* «, » *der Bürgersteig* « (premier paragraphe), la cour de l'immeuble » *der enge, lichtlose Hof* « (deuxième paragraphe, fin de la première partie et fin du texte), la cage d'escalier » *die Treppe* « (première partie et surtout la seconde partie du texte), l'appartement de Lucie Mannheimer » *die (Wohnungs)tür* «, » *die Wohnung* «, » *der Korridor* «.
3. In diesem Text kommt das Wort » *Jude* « sechsmal, das Wort » *Angst* « fünfmal und das Wort » *Stern* « zweimal vor. Daraus kann man schlieβen, daβ dieser Text das Thema der Judenverfolgung in der Nazizeit behandelt.

2. 1. Le narrateur personnel » *Ich* « est un jeune enfant. On peut inférer son jeune âge de la naïveté de ses questions et de ses remarques : » *Woran erkennt man, daβ einer Jude ist ?* «, » *Ich möchte kein Jude werden* «. Sachant que l'auteur est né en 1937, que l'arrestation massive des Juifs a débuté en 1942, on peut supposer qu'il s'agit d'un récit autobiographique – l'auteur n'avait lui-même à l'époque des faits relatés que cinq à six ans.
2. Wir erleben die Geschichte aus der Perspektive eines Kindes. Der

Erzähler (der kleine Junge) versteht nicht, was wirklich vor sich geht, aber er beobachtet alles genau. Auch am Schluß versteht er nicht ganz, was los ist, denn die Erklärungen der Mutter sind zu knapp, lakonisch, ausweichend - aber der Leser hat verstanden.
Der Text enthält nur den Bericht des Jungen und die Antworten der Mutter - ohne direktes Eingreifen des Bescheid wissenden Autors. Der Autor gibt nur indirekt zu verstehen, was er will. Dadurch ist die Darstellung eindringlicher, sie ergreift uns mehr, weil wir erst langsam entdecken, was vor sich geht. Die Worte versagen vor der Schrecklichkeit der Realität.

Exercice 2, p. 55, Thomas Mann, *Tonio Kröger*

– Aber obgleich er genau wußte : dépendante concessive.
– daß die Liebe ihm viel Schmerz, Drangsal und Demütigung bringen müsse : dépendante énonciative.
– daß sie überdies den Frieden zerstöre : dépendante énonciative.
– und das Herz mit Melodien überfülle : dépendante énonciative coordonnée par « und ».
– ohne daß man Ruhe fand : dépendante conjonctive.
– eine Sache rund zu formen : proposition infinitive (sujet sous-entendu).
– und in Gelassenheit etwas Ganzes daraus zu schmieden : proposition infinitive coordonnée par « und ».
– so nahm er sie doch mit Freuden auf : proposition principale.
– überließ sich ihr ganz : proposition autonome juxtaposée.
– und pflegte sie mit den Kräften seines Gemütes : proposition autonome coordonnée par « und ».
– denn er wußte : proposition autonome introduite par le coordonnant « denn ».
– daß sie reich und lebendig mache : dépendante énonciative.
– und er sehnte sich : proposition principale.
– reich und lebendig zu sein : proposition infinitive (sujet sous-entendu).
– statt in Gelassenheit etwas Ganzes zu schmieden : proposition infinitive introduite par « statt ».

═══ : conjonction
- - - - : sujet
—— : noyau verbal

Exercice 3, p. 55

1. Les compléments circonstanciels

Lieu	Temps	Manière
– zwischen den anderen – von oben in das alte Nest	– seit Jahren tot – zu ihren Lebzeiten – in seinen acht bis neun Jahrhunderten	– (das Feine) im Gang – von dieser Sorte – durch Zeitschriftenartikel

2. Verbes à rection obligatoire

– sich erinnern an + Acc : se souvenir de

– sprechen von + D : parler de quelque chose

3. Négateurs

– keine solchen Figuren

– nie ein Mensch

– nichts Auffallendes

– nicht in Betracht

– noch nie ein Talent

– keine Leute

4. Les dépendantes

a) Conjonctives

– wie fein und abgesondert er zwischen den anderen herumlief ;

– wo der Knabe die ernsthaften Augen und die gescheite Stirn und das Feine im Gang her hatte ;

– als daβ sie ewig kränklich und bekümmert gewesen war.

b) Relatives

– der einen Blick und eine Wirkung über das Engste hinaus gehabt hätte ;

– das in seinen acht bis neun Jahrhunderten so viele tüchtige Bürger, aber noch nie ein Genie hervorgebracht hatte.

c) Infinitives

– ihn anzusehen

– keine Leute von dieser Sorte zu beherbergen ;

– ohne die Reden Zarathustras zu kennen.

5. Locution verbale

In Betracht kommen : entrer en considération.

6. Formes verbales composées et surcomposées

– *war … ausgegangen :* plus-que-parfait de l'indicatif ;
– *hatte … bemerkt :* plus-que-parfait de l'indicatif ;
– *war … gewesen, gesprungen :* plus-que-parfait de l'indicatif ;
– *hervorgebracht … hatte :* plus-que-parfait de l'indicatif ;
– *gehabt hätte :* subjonctif II passé ;
– *hätte … sprechen können :* subjonctif II passé avec double infinitif à cause du verbe de modalité ;
– *man konnte leben :* verbe de modalité au prétérit + infinitif ;
– *man konnte gebildet sein :* verbe de modalité au prétérit + infinitif.

7. Analyse logique

– *Die warmgesessenen, wohlhabenden Bürger nahmen zwar vor den Beamten die Hüte ab :* proposition principale ;
– *von denen in den letzten zwanzig Jahren manche aus Handwerkern zu Fabrikanten geworden waren :* proposition relative introduite par la préposition ***von ; » Bürger «*** étant l'antécédent du pronom relatif ***denen.***
– *suchten ihren Umgang :* proposition autonome coordonnée par *und :*
– *unter sich nannten sie sie aber Hungerleider und Schreibersknechte :* proposition autonome juxtaposée, inversion du sujet.

8. Mots composés

a) Les adjectifs

– ernst / haft ;

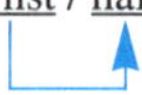

– geheimnis / voll.

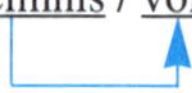

b) Les substantifs

– das Schwarzwald / nest ;

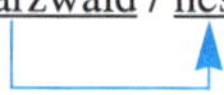

– die Leb / zeiten ;

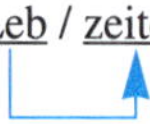

– das Jahr / hundert ;

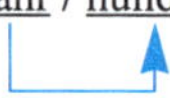

– der Schul / meister ;

– der Zeitschriften / artikel.

Exercice 4, p. 76, **Erich Maria Remarque, *Der Weg zurück***

1. Ein paar Freunde, ehemalige Kriegskameraden, unter denen sich auch der Erzähler befindet, sind bei Karl, in seinem Zimmer. Während sie sich unterhalten, packt Karl seine Bücher zusammen, um sie zu verkaufen.

2. vor dem Krieg	**nach dem Krieg**
Karl ein Büchernarr. Er sammelte Bücher. Er liebte Eichendorff. Er kannte viele Gedichte Eichendorffs auswendig. Er war fähig, nichts zu essen, um sich Bücher kaufen zu können.	Karl will seine Bücher verkaufen. Er findet Geld wichtiger als Lektüre. Er findet » leben « wichtiger als Lektüre. Bücher sind » Ballast «

3. vor dem Krieg	**nach dem Krieg**
Gedichte Examen Sehnsucht lesen Bildung Träume	Geld » Leben « Handel Kognac Verdienst geschmuggelt

CORRIGÉS DES EXERCICES DE LA DEUXIÈME PARTIE

Exercice 5, p. 104, ***Christa Wolf, Störfall***

1. Reaktion der Erzählerin auf den Unfall in Tschernobyl

Die erste Reaktion der Erzählerin ist die Empörung, die Angst und die Ratlosigkeit. Zuerst hört sie die Nachrichten im Radio, um sich zu informieren, dann die Ratschläge eines Experten, um zu erfahren, wie man handeln soll. Dann macht sie sich Sorgen um ihre eigenen Kinder, die schon erwachsen sind und die in Berlin wohnen. Sie telephoniert schnell mit ihnen und gibt ihnen ein paar Ratschläge. Da die Kinder schon bescheid wissen, ist die Erzählerin beruhigt und kümmert sich um sich selbst.

Die zweite Reaktion ist ganz anders. Die Erzählerin lehnt sich gegen die Unabwendbarkeit der Katastrophe auf und will sogar dem Schicksal trotzen, indem sie » eifrig weiter mit ihren bloβen Händen das Unkraut rupft «. Sie will wirklich wissen, ob alle Sicherheitsmaβnahmen übertrieben sind oder nicht, ob die Kernenergie wirklich gefährlich ist oder nicht. Das ist ja die Hauptfrage, die sich alle Menschen stellen, und auf die es keine befriedigende Antwort gibt. Übrigens verhalten sich die anderen Einwohner des Dorfes, als wäre nichts geschehen, und rechtfertigen ihre scheinbare Gleichgültigkeit mit dem Argument, daβ die Bevölkerung sowieso machtlos ist und weiterleben muβ.

2. Christa Wolfs Bedenken gegen die friedliche Nutzung der Kernenergie

Christa Wolf ist der Meinung, daβ die Kernenergie eine neue Technologie ist, die die Wissenschaftler nicht vollkommen beherrschen – als Beweis dafür die Katastrophe von Tschernobyl –, die riesige Schäden angerichtet hat. Dieses unerwartete Unglück ist zum Symbol für die Risiken der friedlichen Nutzung der Kernenergie geworden. Obwohl die Wissenschaftler behaupten, daβ ein solcher Unfall extrem selten ist, ist das Ausmaβ der Schäden unermeβlich groβ, wenn er geschieht. Die Folgen sind zu schrecklich, um sie zu verharmlosen ;

– Tod von Menschen sofort nach der Explosion.

– Gesundheitsrisiken wegen der zu starken Bestrahlung (Krebserkrankungen, Hautkrankheiten, Miβbildungen ...)

– riesige Umweltschäden (die Landschaften sind zerstört, das Grundwasser gefährdet).

– ökonomische Folgen (die Ernten sind vergiftet, die Produkte verstrahlt, und der Staat muβ die Landwirte entschädigen).

Zum Schluβ vertritt die Erzählerin den Standpunkt, daβ die Kernenergie keine absolute, hundertprozentige Sicherheit bietet. Auβerdem treffen die Folgen den Menschen bis ins Private. Die Radioaktivität ist gefährlich, weil man sie nicht sehen, hören, riechen kann. Wenn man sie spürt, ist es zu spät. Also kann man die Spätfolgen heute nicht exakt abschätzen.

3. Teilen Sie ihren Standpunkt ?

Gegen die friedliche Nutzung der Kernenergie	Für die friedliche Nutzung der Kernenergie
Ja, ich bin derselben Meinung wie die Autorin. In der Tat finde ich auch, daβ die Risiken zu groβ sind (Opfer, Krankheiten, Umweltgefährdung). Die Wahrscheinlichkeit einer Katastrophe ist zwar sehr klein, aber sie kann immer geschehen. Ein menschliches Versagen kann immer vorkommen, denn das Personal ist manchmal ungenügend geschult oder einfach überfordert. Die Sicherheitsvorschriften sind auch oft ungenügend. Die nukleare Katastrophe ist leider nicht das einzige Problem. Schon jetzt wird unsere Umwelt durch die Kernkraftwerke geschädigt : aus den Schornsteinen steigen giftige Gase, die Gewässer werden erwärmt, man stellt auch klimatische Veränderungen fest. Es bestehen auch ökonomische Probleme : erstens das Problem der Versorgung mit Uran, zweitens die Kosten. Die Anschaffung von Kernkraftwerken und deren Instandhaltung kostet viel Geld, bedeutet also eine zusätzliche Belastung für die Bürger. Und das gröβte Problem vielleicht : die Endlagerung der radioaktiven Abfälle. Wohin damit, ins Meer, in Salzwerke, unter die Erde ? Wollen wir wirklich den nächsten Generationen ein solches Erbe hinterlassen ? Bestimmt nicht. Aus all diesen Gründen setze ich mich – wie Christa Wolf – entschieden gegen die Kernenergie ein.	Nein, ich vertrete einen entgegengesetzten Standpunkt. Zwar ist die Kernenergie gefährlich (das Gegenteil kann man schwer behaupten), aber jede neue Technologie » fordert zunächst Opfer «, wie im Text steht. Auβerdem ist die Kernenergie eine saubere Energie im Vergleich zu anderen Energiequellen wie Erdöl. Der ökonomische Vorteil der Kernenergie ist, daβ man mit einem einzigen Gramm Uran eine groβe Menge Energie gewinnt. Die Kernkraftwerke produzieren ihren Strom billig. Sie sind also rentabel. Man darf nicht vergessen, daβ die Kernenergie andere Energiequellen ersetzen kann, die vielleicht bald versiegen können (Kohle, Gas, Öl). Man muβ an die Zukunft, an den Fortschritt denken. Was wäre aus der Menschheit geworden, wenn man jede Entwicklung abgelehnt hätte ? Und bis jetzt gab es wenige Unfälle, obwohl in der Welt mehr als 250 zivile Kernkraftwerke funktionieren. Infolgedessen komme ich zu dem Schluβ, daβ die Kernenergie die Energie der Zukunft ist und uns mehr Komfort bringen wird als die bisherigen Energien.

Exercice 6, p. 123

– Traductions littérales en italique.
– Traductions obliques en caractères gras.
– Autres procédés de traduction soulignés.

In der Bismarckschule mußte ich **das Einmaleins** *noch einmal lernen, das ich schon konnte,* in der Benediktinerschule [simplification] *ging ich zum Religionsunterricht,* **um dann** *nicht konfirmiert zu werden, immer am Nachmittag, mit einem Mädchen aus einer anderen Klasse; der junge Vikar* soll **einen Kopfschuß** gehabt haben [simplification], *der alte Dechant war streng, schnurrbärtig und hielt Fragen für* **unreif.**	*J'ai dû réapprendre à l'école Bismarck* **le livret** *que je savais déjà, je suis toujours allée au catéchisme (***d'ailleurs** *sans être confirmée plus tard) l'après-midi, avec une fille d'une autre classe, le jeune vicaire* **avait une balle dans la tête,** *le vieux directeur était sévère, moustachu, et taxait toute question* **d'enfantillage** [transfert catégoriel].
Das Ursulinengymnasium hat jetzt eine verschlossene Tür, an der [simplification] *ich noch einmal gerüttelt habe. Im Café Musil habe ich* **vielleicht** doch [simplification : particule modale] *nicht das Stück Torte nach der Aufnahmeprüfung bekommen, aber ich möchte es bekommen haben* und sehe mich *mit einer kleinen Gabel* eine Torte *zerteilen.*	**La porte du gymnase[1] des Ursulines était maintenant fermée** [chassé-croisé], *je l'ai secouée encore une fois* en vain [amplification : interprétation]. *Au café Musil,* **il se peut que** [transfert catégoriel] *je n'aie pas eu ma tranche de gâteau après l'examen d'admission, mais je voudrais l'avoir eue,* je me revois [amplification : interprétation] la [simplification] *coupant avec une petite fourchette.*
Am Anfang der Seepromenade des Wörthersees, nicht weit von der Dampferstation, bin ich zum erstenmal geküßt worden.	*Au début de la promenade du Wörthersee, non loin du débarcadère des bateaux à vapeur, j'ai été embrassée pour la première fois.*

1. La traduction de *Gymnasium* par « gymnase » est surprenante. *Gymnasium* signifie « lycée », le mot français « gymnase » se traduit par *Turnhalle.*

Exercice 7, p. 124

Am 10. Mai. Eine wunderbare 1 Heiterkeit hat meine ganze Seele 2 eingenommen, gleich den süssen Frühlingsmorgen, 3 die ich mit ganzem Herzen geniesse. 4 Ich bin allein und 5 freue mich meines 6 Lebens in dieser Gegend, die für 7 solche Seelen geschaffen ist wie 8 die meine. Ich bin 9 so glücklich, mein 10 Bester, so ganz in 11 12 dem Gefühl von ruhigem Dasein versunken, daß 13 meine Kunst darunter leidet. 14	Le 10 mai. Une merveilleuse 1 sérénité a pris possession de toute 2 mon âme, à l'égal de ces douces matinées de printemps, que de 3 tout cœur je goûte. 4 Je suis seul, et me 5 réjouis de vivre 6 en cette contrée, 7 créée pour des âmes 8 comme la mienne. 9 Je suis si heureux, 10 mon très cher, si 11 absorbé dans ce 12 sentiment de calme existence, que ma 13 production artistique en souffre. 14	10 mai. Il règne dans mon 2 âme une étonnante sérénité, semblable à 1 la douce matinée de printemps dont je 3 jouis avec délice. 4 Je suis seul, et je 5 goûte le charme de 6 vivre dans une contrée qui fut créée 7 pour des âmes 8 comme la mienne. 9 Je suis si heureux, 10 mon ami, si abîmé 11 12 dans le sentiment de ma tranquille existence, que mon 13 talent en souffre. 14

Exercice 8, p. 139

1. Le discours indirect sans *daβ*

a) Wir glaubten, sie sei zu Hause.
b) Er antwortet, er habe keine Lust, so früh aufzustehen.
c) Der Lehrer meint, der Junge mache im Unterricht gut mit.
d) Mein Vater behauptet, er sei ein guter Schüler gewesen.
e) Der Deutschlehrer hat mir gesagt, du seist oft unaufmerksam.

2. Le discours indirect

a) Peter fragt Klaus, ob er fertig sei.
b) Die Mutter sagt zu ihrem Sohn, er solle zum Bäcker gehen und ein Schwarzbrot kaufen.
c) Birgit will wissen, wieviel Geld ihr Vater im Monat verdient.
d) Der Vater fragt Angelika ärgerlich, warum sie so spät nach Hause komme.
e) Der Bundeskanzler fragt den Minister ungeduldig, wie lange er noch auf den Berlicht warten müsse.
f) Er solle ihm endlich sagen, was er gestern abend gemacht habe, ruft der Kommissar drohend.
g) Ich frage den Verkäufer, ob ich mir den Apparat ansehen darf.

Exercice 9, p. 139

Transformation syntaxique

1. Während der Reise der Eltern nach Australien, bleibt die Tochter bei den Groβeltern.
Währenddessen bleibt die Tochter bei den Groβeltern.
2. Seit meinem Umzug auf das Land langweile ich mich.
Seitdem langweile ich mich.
3. – Wegen/Infolge des Alters meines Autos muβ ich mir ein neues kaufen.
– Deswegen muβ ich mir ein neues kaufen.
4. – Aufgrund/Infolge der schlechten Laune meines Vaters schweigen wir alle.
– Infolgedessen schweigen wir alle.

Exercice 10, p. 139

Test lacunaire

Die Nachricht

An einem Morgen erfährt die deutsche Bevölkerung aus dem **Radio,** daβ **vor** zehn Tagen eine nukleare Katastrophe in der Ukraine **stattge-**

funden hat, die viele **Opfer** gekostet und große Schäden versursacht hat. Nach einem Augenblick der Empörung und Ratlosigkeit versucht die Erzählerin, **die** die Ratschläge eines **Experten** am Radio gehört hat, sich zu fassen, und sie telefoniert **mit** ihren Kindern **in** Berlin, **um** zu wissen, **wie** es ihnen geht und **ob** sie gehört haben, **was zu** machen ist : zum **Beispiel** duschen statt baden, kein frisches Gemüse, keine frische **Milch** kaufen. Dann geht die **Erzählerin** ihren gewöhnlichen Beschäftigungen **nach,** und sie merkt, **daß** die anderen Leute im **Dorfes** wie sie machen. Geschehen ist geschehen, und die einfachen Leute können sowieso **nichts** dagegen machen.

Exercice 11, p. 152, Anna Wimschneider, *Herbstmilch*

1. Résumé du texte

Der vorliegende Textauszug ist dem autobiographischen Roman einer alten Bäuerin entnommen, die sich an ihre Kindheit und ihre Jugend erinnert. Das Buch wurde zu einem Bestseller und ist 1988 verfilmt worden.

Die Geschichte spielt Ende der dreißiger Jahre in einer ländlichen Gegend in Bayern. Die Leute sprechen Dialekt. Die Mutter der Heldin starb, als sie ihr achtes Kind zur Welt brachte. Anna Wimschneider mußte nun als Älteste – sie war erst 8 Jahre alt – für die Familie sorgen. Ihre Firmpatin brachte ihr bei, wie man den Haushalt führt. Anna kochte, wusch die Wäsche, kümmerte sich um die kleineren Geschwister und sogar um das Vieh. Sie hatte keine echte Kindheit und opferte sich für ihre Familie. Der Vater hatte kein Mitleid mit ihr und behandelte sie wie eine Arbeitskraft.

Auf einer politischen Veranstaltung der Nazis lernt sie Albert kennen und verliebt sich in ihn. Albert möchte sie heiraten, aber Anna ist noch minderjährig und braucht das Einverständnis ihres Vaters. Das Mädchen wendet sich an ihre Firmpatin, zu der sie Vertrauen hat und die bei dem Vater großen Einfluß hat. Sie sagt ihm, durch diese Heirat werde er Anna los und rauche sie dann nicht mehr zu ernähren. Mit diesen Argumenten gelingt es ihr, den Vater umzustimmen.

2. Commentaire du texte

In diesem Text handelt es sich um das Leben eines Mädchens, dann einer jungen Frau in einem bayrischen Dorf in den Dreißiger Jahren.

1. Die Kindheit des Mädchens auf dem Bauernhof

• eine kinderreiche Familie

Annas Mutter starb, als sie ihr Kind zur Welt brachte, weil es keinen

Arzt in der Nähe gab, weil sie nicht richtig gepflegt wurde und weil sie erschöpft war. Die Arbeit der Frau war zu dieser Zeit sehr schwer und anstrengend : das gehörte zur traditionellen Rolle der Frau, die durch die 3 Ks gekennzeichnet war : Kinder, Küche, Kirche. Anna, das älteste Mädchen in der Familie, mußte jetzt ihre Mutter ersetzen, obwohl sie erst 8 Jahre alt war. Sie mußte für eine große Familie sorgen, kochen, waschen, sich um die kleineren Geschwister und auch um das Vieh kümmern. Das war gewiß keine beneidenswerte Kindheit ! Sie war ein Opfer der Familie und der Umstände. Ihr Vater sah in ihr nur eine Arbeitskraft und hatte kein Mitleid mit ihr. Er hatte harte Erziehungsmethoden und nutzte das kleine Mädchen aus.

• der Bauernhof

Die Familie lebt auf einem kleinen Bauernhof in einer abgelegenen Gegend. Sie führt ein bescheidenes Leben, obwohl alle sehr hart arbeiten. Der Vater besitzt keine Maschinen (Mäh-, Dreschmaschine. …) und die ganze Familie macht alles mit der Hand. Sie arbeitet sich ab. Sogar die größeren Jungen müssen auf anderen Bauernhöfen arbeiten, um Geld nach Hause zu bringen. Sie haben kaum die Möglichkeit, in die Schule zu gehen, weil sie z.B. bei der Ernte mithelfen müssen. Sie sind daher ziemlich ungebildet.

Da die Familie mehr oder weniger von der Außenwelt abgeschnitten ist, spielt der Vater eine große Rolle. Er verkörpert die absolute Autorität und hat immer das letzte Wort. Alle Kinder sind von dem Vater abhängig und müssen ihn immer um Erlaubnis bitten.

2. Begegnung mit Albert Wimschneider

• ein unverhofftes Ereignis

Anna trifft in einer nationalsozialistischen Veranstaltung Albert Wimschneider, und sie verliebt sich in ihn und er in sie. Anna glaubt nicht an ihr Glück und hält es fast für unmöglich, denn sie findet sich nicht besonders schön und ungenügend gebildet. Albert dagegen ist eine gute Partie, er ist zur Schule gegangen, hat Bildung und wird später einen Bauernhof erben. Er erscheint ihr als die Rettung, als ein Mittel, sich von dem Druck der Familie zu befreien.

• Verlobung und Hochzeit

Anna und Albert müssen auf die Entscheidung der Eltern warten, um heiraten zu können.

– Annas Vater :

Da Anna noch minderjährig ist, muß sie ihren Vater um Zustimmung bitten. Der Vater ist zuerst nicht begeistert, eine so gute Arbeitskraft zu verlieren, aber er begreift, daβ es eine günstige Gelegenheit ist, seine Tochter loszuwerden. Wenn sie später keinen Mann fände, würde sie ihm zur Last fallen. Infolgedessen gibt er sein schriftliches Einverständnis.

– Alberts Familie :

Albert ist volljährig und macht, was er will. Alberts Mutter, die auf Anna eifersüchtig ist, akzeptiert sie nicht und macht ihr das Leben schwer.

Auffallend ist die Rolle, die das Materielle spielt. Es ist eine Art Handel zwischen den zwei Familien. Albert hat gute Aussichten und Anna ist stolz auf ihre Mitgift (Bettwäsche...). Obwohl sie keine Mutter hat, die sich um die Aussteuer kümmern konnte, kommt sie nicht mit leeren Händen bei Albert an.

– die Hochzeit :

Es ist eine traditionelle Hochzeit in einer kleinen Kirche auf dem Land, aber nur Annas Familie ist da. Es gibt dann kein Fest, Anna wird einfach Alberts Familie vorgestellt. Der Empfang ist eiskalt, die alten Leute sind miβtrauisch und die Schwiegermutter bösartig.

– Annas Enttäuschung :

Diese Hochzeit bedeutet keine Befreiung, keine Erleichterung für Anna, ganz im Gegenteil. Sie hat genauso viel Arbeit wie zu Hause und vielleicht noch mehr. Auβerdem sind die alten Leute nicht besonders freundlich zu ihr und undankbar. Das Schicksal trifft sie hart : Albert wird einberufen und muβ an die Front gehen. Anna bleibt allein auf dem Hof und macht die ganze Arbeit – auch auf den Äckern – und muβ viele Demütigungen erleiden.

3. Eine unheimliche Zeit

Anna hat Albert auf einer politischen Veranstaltung kennengelernt. Überall herrscht die nationalistische Propaganda, und es ist schon vom Krieg die Rede. Alle Leute machen sich Sorgen um die Zukunft und Anna auch. Die Männer werden mobilisiert, es ist schwer, Lebensmittel zu bekommen, vor allem in der Stadt. Die Kriegserklärung bedeutet für Anna eine Verzögerung in der Erfüllung ihrer Träume. Sie hat Angst, daβ ihr Mann an der Front fällt, sie leidet physisch und seelisch. Am Ende des Krieges kehrt Albert doch heim.

Erst nach dem Krieg – nach Alberts Rückkehr – fängt für Anna ein freudevolleres Leben an. Dank des technischen Fortschritts und der Modernisierung werden die Bauern ein besseres Leben führen können.

Exercice 12, p. 152, Andreas Gryphius, *An eine Geschminkte*

Es handelt sich um ein Gedicht aus dem 17.Jahrhundert, aus der Barockzeit, das dasselbe Thema behandelt wie Lorenzo Lippi in seinem Gemälde (« l'allégorie de la simulation »), nämlich das Thema der Verstellung.

1. Commentaire du poème

a) Gryphius wendet sich in diesem Gedicht insbesondere » an eine Geschminkte «, im allgemeinen an alle Frauen, die sich schminken und der Natürlichkeit die Schminke, die *» Maske «,* vorziehen. Zu dieser Zeit galt es, das physische Sein der Vergänglichkeit zu entreiβen.

b) Der Dichter spricht über das Gesicht : den Mund, die Haare, die Wangen, den Hals und die Stirn. Vom Körper ist nicht die Rede. Es ist wie ein Porträt, bei dem man nur den oberen Teil des Körpers sieht (vgl. Lorenzo Lippi). Bei allem, was er erwähnt, wird hervorgehoben, daβ es nicht echt, nicht der Person *» eigen «* ist.

– Die Frau, die beschrieben wird, ist wahrscheinlich eine alte Frau, denn sie hat keine Zähne mehr *(» in leeren Mund «)* und muβ ein Gebiβ tragen. Sie hat auch keine Haare mehr und trägt eine Perücke. Auβerdem sind die Runzeln auf ihrem Gesicht nicht zu übersehen.

c) Aufgrund des Aussehens dieser älteren Frau, die die Jugend vortäuschen möchte, ist Gryphius der Ansicht, daβ alles an dieser Frau falsch und künstlich ist. Nicht nur die Schminke (das Äuβere), sondern auch die Gefühle (das Innere) verstecken etwas *(» daβ unter einem Haupt, das sich so falsch gezietre/ Auch ein falsch Herze steh, voll schnöder Heuchelei «).* Es geht seiner Meinung nach um eine heuchlerische Person, die sogar gefährlich werden kann, wenn man ihr sein Vertrauen schenkt.

d) Man muβ es lernen, zwischen Schein und Sein zu unterscheiden. Gryphius warnt vor der Gefahr der Verstellung und auch vor der Vergänglichkeit. Schönheit ist leider nicht ewig.

e) Das Gedicht *» An eine Geschminkte «* ist ein Sonett, also ein Reimgedicht in 14 Versen. Das Sonett verfügt über eine strenge Form und einen antithetischen Aufbau. Auffallend ist die spannungslose Teilung in Aufgesang von zwei vierzeiligen Quartetten und Abgesang von zwei dreizeiligen Terzetten mit variierender Reimverschränkung : *abba* in den 2 Quartetten und *ccd – eed* in den Terzetten.

Verhältnis zwischen Form und Inhalt : das Sonett gilt als besonders geeignet für dialektisch sich bewegende Gedankendichtung. Die zwei

Quartette erzählen von der Schminke auf dem Gesicht (das Äuβere) und die zwei Terzette von der Schminke auf dem Herzen (das Innere : Heuchelei, Falschheit, Betrug). Das Sonett geht von dem Eindruck eines Porträts aus, der zu einer moralischen Reflexion über ein beliebtes Thema des Barock erweitert wird : die Kritik des irdischen Scheins.

f) Den Zusammenhang zwischen Gryphius' Gedicht und dem Gemälde von Lorenzo Lippi stellt das Thema her: die Verstellung, die Maske, das maskenhafte Aussehen und auch die Aufmachung der Frauen zu dieser Epoche.

g) Beide Werke entsprechen dem barocken Schönheitsideal. Die Damen haben eine starre Haltung und man zeigt nur den Oberkörper (was eigentlich typisch für das Porträt ist). Die Haare der Damen wurden oft durch riesige Perücken ersetzt (mit Figuren darauf, z.B. Vogelkäfigen, Karossen...). Die natürliche Gesichtshaut wurde überdeckt : die Damen machten damals reichlich Gebrauch von Schminke und Schönheitspflästerchen. Sie hatten eine Vorliebe für das Künstliche, für das Auffallende.

Bei Lippi aber ist das wahre Gesicht schön, die Maske häβlich (nicht umgekehrt). Das Mädchen scheint keine Perücke zu tragen und sieht nicht überladen aus.

2. Commentaire du tableau de Lorenzo Lippi, *La Femme au masque.*

Vorliegendes Bild stellt ein Gemälde aus dem italienischen 17. Jahrhundert dar.

• Beschreibung

Auf diesem Gemälde können wir das Porträt einer jungen Frau sehen. Diese Frau hat ein schönes Gesicht mit regelmäβigen Zügen. Ihr Gesichtsausdruck ist ein biβchen seltsam ; sie scheint trotz aller Jugend sehr ernst zu sein und man hat den Eindruck, daβ sie mit kritischem Blick etwas betrachtet. Ihr Gesicht drückt Ruhe und zugleich Überlegenheit aus. Sie trägt eine für das 17. Jahrhundert typische Kleidung, ein schönes dunkelblaues, ausgeschnittenes Kleid und ein elegant drapiertes Kopftuch.

In der rechten Hand hält sie eine Maske und in der linken einen Granatapfel.

• Interpretation

Der Maler Lorenzo Lippi (1606-1665) hat dieses Bild » Allegorie der Verstellung « genannt. Die Verstellung wird hier durch zwei Gegenstände symbolisiert, einerseits die Maske, andererseits den Granatapfel.

Die Maske, die die junge Frau in der rechten Hand hält, erinnert an die italienische Tradition des Karnevals (vgl. Venedig), wo die Leute sich verkleiden, aber auch an das antike Theater. Die Maske symbolisiert die Fähigkeit des Menschen, verschiedene Gesichter zu zeigen. Der Schein ist also trügerisch, man gibt den anderen ein falsches Bild von sich selbst. Wenn man die Maske abwirft – wie hier auf dem Gemälde – kann man die wahre Natur eines Menschen erkennen.
Zweites, weniger bekanntes Symbol für die Verstellung ist der Granatapfel, den die junge Frau hält. Dieser Granatapfel deutet auf die Herkunft des Gemäldes hin, denn die Granatapfelbäume wachsen nur in Mittelmeerländern, z.B. in Italien. Außerdem ist der Granatapfel eine erstaunliche Frucht. Wenn man ihr Äußeres, ihre rötliche gelbliche Schale, genau betrachtet, hat man das Gefühl, daß diese Frucht eine Einheit, ein Ganzes bildet, aber in Wirklichkeit besteht sie im Inneren aus einer Menge von kleinen rötlichen Körnern. Diese Entdeckung verwirrt den Menschen, der nicht Opfer der Verstellung sein und nur auf das Sein und nicht auf den Schein Wert legen soll.

CORRIGÉS DES EXERCICES DE LA TROISIÈME PARTIE

Exercice 13, p. 159

1. a) Hast – gepackt.
b) Hat – angefangen ;
c) habt – aufgehört ;
d) zugemacht habe.

2. a) Ich habe zuviel gegessen.
b) Hast du ihn vielleicht genommen ?
c) Mein Vater hat mir 20 Mark gegeben.
d) Habt ihr heute nacht schlecht geschlafen ?

3) a) Ich habe diese Musik nicht gemocht.
b) Er hat mich wissen lassen, daß …
c) Wir haben die Kinder allein gelassen.
d) Meine Eltern haben nicht zu meinem Geburtstag kommen können.

Exercice 14, p. 162

a) hatten – war – tatet/machtet – war – spielten ;
b) wurde – antwortete ;

c) war – Konnten – hatte – tat – mochte ;
d) durfte – wollte/erlaubte ;
e) kam – brachte – dachte – öffnete ;
f) arbeiteten – kamen/gingen – waren ;
g) Wart – waren.

Exercice 15, p. 168

1. solle/möge/müsse – habe – sei – müsse – werde ;
2. seien – habe ;
3. solle ;
4. werde ;
5. könne – wisse – habe ;
6. arbeite – danke ;
7. sei – könne/dürfe müsse.

Exercice 16, p. 172

1. a) führest – Wenn du am Wochenende nach Paris gefahren wärest, wärest du am Montag müde gewesen ;
b) gefiele – Wenn meiner Frau die Wohnung nicht gefallen hätte, hätte ich eine andere suchen müssen.
c) flöge – Wenn der Vogel ins Zimmer geflogen wäre, hätte die Katze ihn fressen können ;
d) gingen – Wenn Sie am nächsten Tag zur Arbeit gegangen wären, wären Sie am Tag darauf wieder krank gewesen ;
d) äßet – Wenn ihr nicht soviel Schokolade gegessen hättet, wäret ihr nicht so dick geworden ;
f) gäbe – Wenn ich ihm Geld gegeben hätte, hätte er es sofort ausgegeben ;
g) bätest – Wenn du mich höflich gebeten hättest, hätte ich dir geholfen ;
h) wären – Wenn sie nett zu uns gewesen wären, wären wir auch nett zu ihnen gewesen ;
i) aufließest – Wenn du die Tür nicht immer aufgelassen hättest, hätte die Katze nicht in die Küche gehen können.
j) brächte – Wenn er seiner Freundin einen Blumenstrauß gebracht hätte, hätte sie ihn ausgelacht.
2. a) … seinen Namen **nennen würdest, …**
b) … **würde** ich den Kuchen mit Vergnügen **essen.**
c) … **würdet** ihr nicht über mich **spotten.**
d) … **würden** wir euch nicht um Hilfe **bitten.**

e) … **würden** sie nicht soviel Alkohol **trinken.**
f) Du **würdest** das Theaterstück wahrscheinlich besser verstehen, …
g) … wenn er mir **helfen würde.**
h) … **würdest** du dich nicht über sein komisches Verhalten wundern.

Exercice 17, p. 176

1. Les relatives

a) Der Autor, dessen Roman ich gerade gelesen habe, lebt in Berlin.
b) Findest du das Auto, das er kaufen will, zu teuer ?
c) Alle Personen, deren Namen du auf dieser Liste siehst, wollen zu dem Kongreß kommen.
d) Wie haben die Leute, denen ihr die Geschichte erzählt habt, reagiert ?
e) Es ist schwer, einen Text, den man nicht verstanden hat, zu resümieren.
f) Wie soll ich einem Menschen, der mir nicht die Wahrheit sagt, vertrauen ?

2. Traduction

a) Ich tue/mache alles, was du willst !
b) Das ist das Seltsamste, was ich erlebt habe.
c) Er hat nichts von dem, was sie vorgeschlagen hat, akzeptiert/angenommen.
d) Mein Problem hat nichts zu tun mit dem, was ihr gesagt habt.

3. Comblez les lacunes

a) allem, was – b) das, was – c) was – d) das Schlimmste/Schrecklichste etc., was.

Exercice 18, p. 181

1. a) damit – b) auf – c) darauf – d) über deinen – e) bei meiner Tante für ihren – f) dazu – g) darüber – h) woraus – i) daran – j) daran.
2. a) Es **hängt vom/von** dem Wetter ab, ob wir morgen einen Ausflug machen.
b) Er **bedankt sich** bei mir **für** meine Hilfe.
c) **Achte darauf,** daß du niemanden vergißt !
d) Die Krise **begann mit** dem Rücktritt aller Minister.
e) Er **beklagt sich darüber,** daß er sein Geld nocht nicht bekommen hat.
f) Ich **erinnere mich daran,** daß du in der Schule immer gute Zensuren hattest.

g) Was **hältst** du **von** einer kleinen Pause ?
h) Die Mutter **kämpfte um** eine gute Ausbildung für ihre Kinder.
i) Wir **rechnen damit,** daβ die Zahl der Schüler in den nächsten Jahren gleich bleiben wird.
j) Ich **schlieβe daraus,** daβ er sich für das Projekt nicht mehr interessiert.

Exercice 19, p. 192

1. Cause

1. a) wegen sein**es** hoh**en** Alters
b) aus rein**er** Nächstenliebe
c) durch lang**es** Nachdenken
d) dank sein**er** gut**en** Vorbereitung
e) an qualifiziert**en** Mitarbeiter**n**
2. a) Wegen der Hitze hatten alle groβen Durst.
b) Dank seiner Begabung hatte er viel Erfolg.
c) Hast du die Vase aus Wut zerschlagen ?
d) Der Spion verriet sich durch seine Neugierde.

2. Instrument

a) Ich informiere mich durch regelmäβige Zeitungslektüre.
b) Durch ständige Unterbrechungen versuchte er, seinen Gesprächspartner aus der Fassung zu bringen.
e) Durch Lob gab der Lehrer dem Schüler wieder Mut.

3. Conséquence

a) Meine Mutter war nicht zu Hause, so daβ ich sie nicht anrufen konnte.
b) Das Essen war so gut, daβ alle die Köchin lobten.
c) Die Matheaufgabe war zu schwierig, als daβ ein Schüler sie lösen könnte/als daβ ein Schüler sie hätte lösen können.
d) Es lag Schnee auf den Straβen, so daβ man vorsichtig fahren muβte.

4. Finalité

a) Zum Schutz vor Feinden baute man eine Mauer.
b) Zur Verbesserung der Atmosphäre wurde ein Fest organisiert.
c) Zur Förderung des Wohnungsbaus gibt der Staat viel Geld aus.
d) Zur Bekämpfung der Kriminalität verstärkte man die Polizei.

5. Parallélisme

1. a) **Je** länger sie arbeitet, **desto** müder wird sie.
b) **Je** mehr er übt, **desto** besser spricht er Deutsch.

c) **Je** mehr/Je länger ich nachdachte, **desto** weniger fand ich eine Lösung.

2. a) **Je** besser ich ihn kenne/kennenlerne, **desto** sympathischer finde ich ihn.

b) **Je** weiter er las, desto mehr staunte er/**desto** mehr wunderte er sich/desto erstaunter war er.

c) **Je** mehr du trinkst, **desto** weniger kannst du dich beherrschen.

Exercice 20, p. 199

1. Simultanéité

1. a) **Während** alle im Haus schliefen, saβ Eduard auf dem Balkon und betrachtete den Mond.

b) **Als** Herr Schulz zu Hause ankam, stand ein Krankenwagen vor seiner Tür.

c) Es ist immer wieder dasselbe :

wenn / **sooft** } ich etwas etwas sagen will, unterbrichst du mich.

d) **Sobald** die Eltern aus dem Haus gegangen waren, stellte Erika den Fernseher an.

e) **Wenn er** mit seiner Arbeit fertig war, traf er seine Freundin in der Stadt in einem Café.

f) **Sobald** das Wasser warm genug ist, können wir im See baden.

2. a) **Als sie bei einem Fest waren,** lernten sie sich kennen.

b) **Als er ankam,** war niemand auf dem Bahnhof.

c) **Während er mit seinen Freunden sprach,** kam ihm plötzlich eine Idee.

2. Durée

a) solange/wenn
b) bis
c) solange
d) seit/seitdem
e) bis
f) seit/seitdem
g) bis

3. Antériorité – Postériorité

a) nach	e) nachdem	i) vor
b) bevor	f) vor und nach	j) bevor
c) nachher	g) nachdem	k) nachher
d) vorher	h) vorher	

Crédits :
p. 23 gauche : Meersburg, Droste-Museum « Fürstenhäusle ».
Photo : AKG Photo.
p. 23 droite : AKG Photo.
p. 144 : Hamburger Kunsthalle. Photo : Elke Walford.
p. 153 : Musées d'Angers. Photo : Giraudon.

Édition : Isabelle Arnaud.
Fabrication : Jacques Lannoy.

Achevé d'imprimer par Corlet, Imprimeur, S.A. - 14110 Condé-sur-Noireau (France)
N° d'Éditeur : 10033613-I-(5)-OSBTO 80°- T.C. - N° d'Imprimeur : 17677 - Dépôt légal : juillet 1996 - *Imprimé en C.E.E.*